圖解系列

圖解

保險學

宋明哲／著

第三版

五南圖書出版公司 印行

自序

　　本書是寫書方式改變的第一次嘗試，書名為《圖解保險學》。既稱「圖解」，書中每一單元儘量以繪圖的方式補充與解說，這對入門學習者是一大福音。其次，本書的寫法一改往昔，每章均以主題單元來撰寫，這也增加寫作時的困難度，因每一單元後面均須附上圖解說明，思路容易被切割。在思路常被打斷的情況下，歷時半年，臺灣首部圖解式保險學終於完成。書中第十九章與第二十二章採用中國大陸保險業務用語與內容，主要是希望讀者也能稍加了解對岸保險的發展，希望入門者會喜歡，則堪欣慰。

宋明哲 PhD , ARM

謹識於頭份

2018. 8月

修訂版序

　　本書第二與第三版，除修訂少許內容外，就是對動動腦的習題，提供答案指引，以及新增第二十五章三個單元。第二十五章是針對時下理論或實務新興的專題加以介紹，這包括行為保險學與風險心理、新型病毒風險與防疫保險、以及保險科技的發展。最後，仍期盼讀者們喜歡並請各方家不吝指正。

宋明哲 PhD , ARM
謹識於頭份
2022. 5月

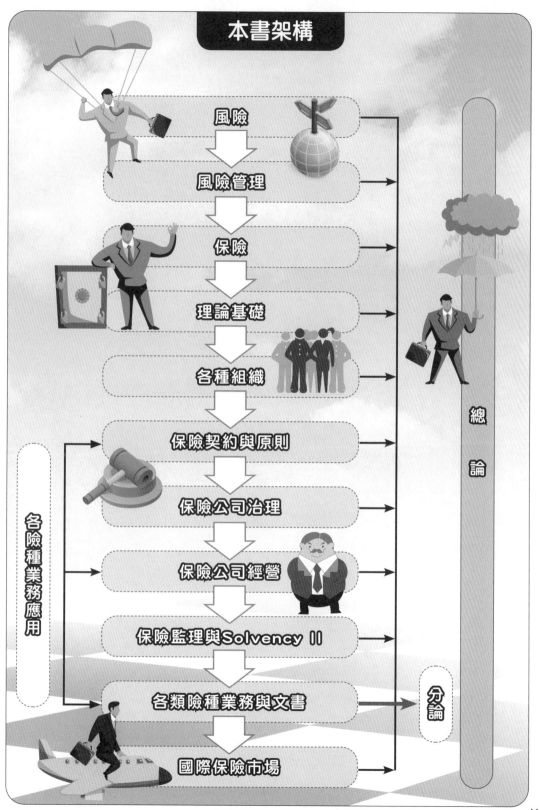

本書架構

風險

風險管理

保險

理論基礎

各種組織

保險契約與原則

保險公司治理

保險公司經營

保險監理與Solvency II

各類險種業務與文書

國際保險市場

各險種業務應用

總論

分論

本書目錄

本書目錄

本書目錄

第 **1** 章

風險與風險管理

● 章節體系架構

Unit **1-1**
風險與相關概念

菜籃族買股票面臨的是股價上下波動的風險 (Risk)，人們買房、買車同樣面臨風險，但需記得這些風險的性質不同，傳統保險公司只願保障後者的損失 (Loss)，為什麼？共同來探討。

(一) 風險的定義

時間就像往前的滾輪，未來就在前面，也就有風險，沒有未來，就無風險，有人說未來就是風險的遊樂場。此外，未來任何事物，若都是確定的，就沒風險，但這可能性甚低，也因此，生活就是風險，最近的高雄氣爆、復興航空墜機就是明證。然而，普羅大眾對風險有多少了解？幾乎一知半解，試問瓦斯與天然氣有何不同、丙烯與乙烯爆炸差在哪裡？要學習保險 (Insurance) 就得從了解風險開始，因保險為風險而活。很多學科[*]都在研究風險的本質，就保險學來說，風險就是未來財務損失的不確定 (Uncertainty)，或者說是未來財務損失的變異 (Variance)，前者白話些，後者統計概念成分高。

保險的風險定義，得注意幾點：

第一、是限於財務經濟金錢損失的不確定，精神、心理痛苦不算。
第二、不確定包括發生的時間、發生的後果與發生的機率。

(二) 與風險相關的名詞

就保險學領域，與風險概念相關的名詞有：危險因素 (Hazard)、危險事故 (Peril) 與損失。

1.危險因素指可能造成損失的任何因素，又可分為因非故意疏失的心理危險因素 (Morale Hazard)，如不小心按錯開關導致失火等、故意疏失的道德危險因素 (Moral Hazard)，如想辦法詐領保險賠款等，與物質/實質危險因素 (Physical Hazard)，如易燃建材與身體抵抗力差等。
2.危險事故是損失的直接原因，如車禍、地震等。
3.損失是不可預期的經濟價值的減少。危險事故發生則導致損失，損失又可分為直接的與間接的兩種。如車禍重傷就是直接損失；因重傷住院所花的住院費用與診療費用。其次，可能傷重死亡，所要花的喪葬費用與可能的責任訴訟費用等，都是間接損失。

---

[*] 例如：財經領域、心理學領域、安全工程、毒物流行病學、社會學、文化人類學與哲學等。

風險與時間

不確定的成分隨著時間變少

確定的成分隨著時間變多

0 ————————————————————→ 1
現在時點　　　　　　　　　　　　　　　　　　　未來時點

以現在時點來看，未來任何事物均含不確定的成分。所以說，我們生活中都有風險，但隨著時間轉換，同樣事物所面臨的不確定成分則會變少，確定的成分則會增加。

相關名詞

← 文化、社會、經濟、政治與路況天氣環境 →

| 人的需求 養家活口 | → | 上班工具選擇 開車 | → | 車禍發生 車子失控 | → | 後果一 嚴重受傷 | → | 後果二 住院診斷 | → | 後果三 不治死亡 |

← 曝險過程 (危險因素) →｜← (危險事故) →｜← (損失) →

← 時間的過程 →

風險鏈

知識補充站

Risk的根源

17世紀中期，英文的世界裡才出現Risk這個字。它的字源是法文Risque，解釋為航行於危崖間，航行於危崖間的「危崖」是一個不安全的情境。法文Risque的字源是義大利文Risicare，解釋為膽敢，再追溯源頭則從希臘文Risa而來。膽敢有動詞的意味，且含機會的概念。膽敢實根植於人類固有的冒險性，如前所提，航行於危崖間，亦可視為冒險行為，冒險意謂有獲利的機會。這個固有的冒險性，造就了現代的Risk Management。

003

動動腦

1. 家裡擺很多汽油桶，是：
   （ ）危險因素　（ ）危險事故　（ ）損失。
2. 小孩體質不好、抵抗疾病能力弱，是：
   （ ）實質危險因素　（ ）道德危險因素　（ ）心理危險因素。
3. 車禍導致殘廢、失去工作而沒有收入：
   殘廢是_____損失；失去工作而沒收入是_____損失。
4. 去Disco舞廳跳舞，會有哪些風險？_____
5. 走路或開車低頭滑手機，成為低頭族，會有哪些風險？_____

Unit 1-2
風險的類別

就保險學領域中，常見的風險類別如下：

(一)依可能的後果區分

風險可分為純風險 (Pure Risk) 與投機風險 (Speculative Risk)。

1.純風險指的是只有受損後果可能的風險，或稱危害風險 (Hazard Risk)。典型者，如火災、地震、墜機、傷病等。

2.投機風險是指有獲利可能，也有受損後果可能的風險，或稱財務風險 (Financial Risk)。典型者，如投資股票、人民幣兌換臺幣的匯率波動等。

(二)依起因與損失波及的範圍區分

風險可分為基本風險 (Fundamental Risk) 與特定風險 (Particular Risk)。

1.基本風險的起因，是來自體制環境、市場環境、生態、社會、經濟、文化與政治環境的變動；其損失波及的範圍，是社會群體。典型者，如政黨輪替與地球暖化，可能引發的風險。

2.特定風險的起因，可歸諸特定對象；其損失波及的範圍，可局限在特定範圍或個體。典型者，如車禍或火災風險。

(三)依曝險* 的性質區分

風險可分為實質資產的風險 (Physical Asset or Real Asset to Risk)、財務資產的風險 (Financial Asset or Financial Instrument to Risk)、責任風險 (Liability Exposure to Risk) 與人力資產的風險 (Human Asset to Risk)。

1.實質資產的風險係指不動產與非財務動產 (例如：商譽、著作權等) 可能遭受的風險。例如：火災導致的建築物毀損等，與來自經濟不景氣所導致的資產貶值等。

2.財務資產的風險係指財務資產 (例如：持有的債券、股票與期貨等) 可能遭受的風險。另外，財務資產風險的來源，可能來自於金融市場波動，引發的持有權價值的增減。例如：利率波動所致等。

3.責任風險係指個人、公司、國家可能因法律上的侵權或違約，導致第三人蒙受損失的風險。例如：臺灣核四違約的可能賠償等。

4.人力資產的風險係指人們因傷病死亡，導致公司生產力的衰退或個人家庭經濟不安定的風險。

除以上分類外，保險學領域仍有其他眾多分類。此外，其他學科領域中，亦可見風險的不同分類，例如：財務理論領域，常見風險分成系統風險 (Systemic Risk) 與非系統風險 (Non-systemic Risk)。系統風險是不可分散的風險，性質類似保險學領域的基本風險；非系統風險是可分散的風險，性質類似保險學領域的特定風險。

---

* 曝險並非意謂遭受損失的金額。例如：資產值1,000萬元，那麼曝險額是1,000萬元，但遭受火災的損失可能只有100萬元。

風險的類別

投機/財務風險

純/危害風險

基本風險

投機/財務風險

純/危害風險

基本風險

投機/財務風險

純/危害風險

基本風險

 動動腦

1. 火山可能爆發是：
   （ ）非系統風險 （ ）基本風險 （ ）投機風險。
2. 染上伊波拉病毒而死亡，是：
   （ ）人力資產風險 （ ）投機風險 （ ）責任風險。
3. 喝啤酒可能發生氣爆，是：
   （ ）特定風險 （ ）基本風險 （ ）財務資產風險。
4. 臺灣九合一大選，地方選舉國民黨大敗，是：
   （ ）基本風險 （ ）特定風險 （ ）非系統風險。
5. 股市崩盤是：
   （ ）特定風險 （ ）系統風險 （ ）非系統風險。

Unit **1-3**
什麼是風險管理

簡單來說，掌控未來不確定性的一種管理過程，就是風險管理 (Risk Management)。例如：明天要出國，不確定也就是風險，就會存在，買個旅行平安保險，就是在管理可能因墜機傷亡導致對自己或家人帶來財務不利的衝擊，或者也可不買旅行平安保險，但事先已有考慮且做好充分的經濟準備。上述這些作為就是風險管理最簡單的概念。再說，打算創業開公司，那更充滿不確定因素，萬一虧損怎麼辦？萬一人員、物料趕不上開業時程怎麼辦？眾多萬一就是風險，已事先想好辦法，就是在做風險管理。任何未來的活動都充滿風險，做好事先規劃，就是風險管理。所以任何管理都會涉及風險管理，它是跨領域整合性學科。

圖解保險學

(一)風險管理的定義

風險管理就是根據目標，認清自我，連結所有管理階層，辨識分析風險、評估風險、回應風險、管控過程、評估績效，並在合理風險胃納 (Risk Appetite) 下，完成目標的一連串循環管理過程。更簡單說，所有監控風險的循環管理過程就是風險管理。從定義中，應該很清楚所謂的安全管理 (Safety Management)、危機管理 (Crisis Management)、保險管理 (Insurance Management)、營運持續計畫或管理 (Business Continuity Plan/Management) 均只是風險管理的一部分。此外，就公司企業而言，風險管理的目標是在提升公司價值 (Corporate's Value)；對政府機構而言，是在提升公共價值 (Public Value)。從定義中，也能很清楚知道風險管理主要階段過程就是辨識風險、評估風險、回應風險、評估績效。最後，留意過程中每一階段一定要涉及適當的風險溝通。

(二)風險管理的類別

風險管理依管理主體，可分為個人、家庭、公司、政府機構、非營利組織、國家與國際組織等風險管理，也可進一步歸類成私部門風險管理與公部門風險管理。若依管理什麼風險，可分為純風險管理與投機風險管理，或危害風險管理與財務/金融風險管理，或進一步更加細分。若依如何管理，則可分為回應式風險管理與預警式風險管理，或賽跑式風險管理與拔河式風險管理。

小博士解說　**風險管理發展簡史**

1956年正式出現風險管理詞彙。1960年代保險風險管理興起，第一本風險管理雜誌在美國出版。1970年代RIMS(Risk and Insurance Management Society)學會成立，金融風險管理興起。1980年代SRA(Society for Risk Analysis)學會成立，公共風險管理興起。1990年代ERM架構出現，也出現VaR工具、Basel協定。2000年代後，出現Solvency II、IFRSs。

風險管理範圍的演變

風險管理範圍	金融風險管理 (財務風險)	全方位風險管理 (Enterprise Wide Risk Management, EWRM) (所有風險)
	保險風險管理 (可保風險)	傳統風險管理 (所有純風險)	

| 1960年代 | 1970年代 | 1990年代 | 年代 |

風險管理與危機管理的不同

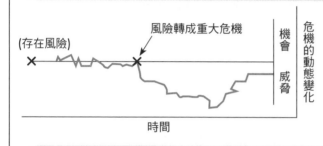

(存在風險)

風險轉成重大危機

機會 威脅

危機的動態變化

時間

1.風險管理(RM)平時就要事先規劃。
2.危機管理(CM)在發生危機期間啟動，若處理得宜，危機可能變成轉機，否則成為重大威脅。

風險管理與營運持續管理／計畫的不同

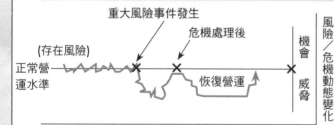

重大風險事件發生

危機處理後

(存在風險)
正常營運水準

恢復營運

機會 威脅

風險／危機動態變化

時間

1.BCM以恢復企業復原力為目標。
2.風險管理以提升企業價值為目標。
3.BCM與CM均是RM一部分。

 動動腦

1. 保險管理只管理：
   (　)所有風險　(　)財務金融風險　(　)可保風險。
2. ERM架構下，風險管理的管理範圍，包括：
   (　)所有風險　(　)只包括純風險　(　)只包括財務風險。
3. 有人說：「任何管理都是風險管理」，對或錯？為什麼？＿＿＿＿＿＿
4. 國家政府，例如：環保署，會面臨哪些風險？＿＿＿＿＿＿＿＿＿
5. 保險公司會面臨哪些風險？＿＿＿＿＿＿＿＿＿＿＿＿＿＿＿
6. 銀行會面臨哪些風險？＿＿＿＿＿＿＿＿＿＿＿＿＿＿＿＿＿
7. 家庭會面臨哪些風險？＿＿＿＿＿＿＿＿＿＿＿＿＿＿＿＿＿

Unit 1-4
風險管理的重要過程

圖解保險學

　　風險管理主要階段過程就是辨識風險 (Identifying Risk)、評估風險 (Assessing Risk)、回應風險 (Responding to Risk)、評估績效 (Monitoring)。最後，留意過程中每一階段，一定要涉及適當的風險溝通 (Risk Communication)。

(一)辨識風險

　　風險識別的方法很多，包括：1. SWOT分析法；2.制式表格法；3.風險列舉法，這又分為財務報表分析法與流程圖分析法；4.腦力激盪法；5.政策分析法；6.公聽會法；7.實地檢視法；8.其他。綜合採用上述這些方法，在 ERM/EWRM (Enterprise Wide Risk Management) 架構下，企業公司面臨的風險可分為四大類：1.策略風險 (Strategic Risk)；2.財務 /金融風險 (Financial Risk)；3.作業/操作風險 (Operational Risk)；4.危害風險 (Hazard Risk)。

(二)評估風險

　　管理風險、辨識風險後，知道每種風險有多高、多大是必要的。同時，要知道風險性質不同時，採用評估風險的科學也不同，例如：匯率風險評估就需財經科學、健康風險評估需要醫學等。因此，風險評估階段，涉及各種科學的應用。前提及，風險管理是跨領域學科，在此階段可見一斑。評估風險，首重分析各種風險特質，數據不充分時，無須急著量化，可先質化判斷高低，或採半量化的風險點數公式*評估風險的高低，待數據充分時，再採用 VaR (Value-at-Risk) 模型，測量風險值的高低。

008

(三)回應風險

　　知道每種風險有多高、多大還不夠，如何回應管理風險才是風險管理的重點。風險管理上，最該知道的是如何管理它。光是懂如何評估只是前提要件，如何回應風險，才足以稱為風險管理。回應風險的工具，可分三大類：1.風險控制 (Risk Control)；2. 風險理財/融資 (Risk Financing)；3.風險溝通。傳統的說法，只有前兩類。1980 年代後，重風險態度行為改變的新回應方式，就是風險溝通。風險控制指的是，能降低損失頻率與縮小損失幅度的任何軟硬體作為而言。例如：消防設施與改變管理流程等。風險理財/融資是指為了彌補風險可能導致的損失，所做的財務管理作為而言，它又可進一步細分為：1.衍生品；2.保險；3.ART 商品。例如：購買火災保險、購買期權衍生品避險，或發行巨災債券對巨災損失融資等。風險溝通則指風險訊息在各利害關係人間，有目的的流通過程而言。

(四)評估績效

　　任何管理均需評估其管理績效，風險管理也不例外。此階段配合內部稽核與各類指標實施。各類指標重要的有「COR 與銷貨的比率」、RAROC 等。

---

* 點數公式是：風險點數＝損失頻率點數(可分三級或四級或五級)×損失幅度點數(分級方式同損失頻率)。

風險管理主要階段

辨識風險

評估績效 ← 風險溝通 → 評估風險

回應風險

1.指標：RAROC＝Risk Adjusted Return of Capital (資本的風險調整報酬)
2.COR＝Cost of Risk (風險成本)(例如：保險費)

評估工具VaR值是指特定信賴水準下，特定期間內，最糟糕情況下的損失。

回應風險的工具

風險 ← 回應工具

- 風險控制 ── 例如：滅火器
- 風險理財 ── 保險單／衍生品／另類風險理財商品(ART)
  ART＝Alternative Risk Transfer
- 風險溝通

風險溝通是指風險訊息在利害關係人間，有目的的流通過程。

另類風險理財商品──臺灣發行的巨災債券郵票

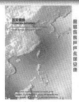

動動腦

1. 保險是何種風險回應工具？
   (　)風險控制　(　)風險理財　(　)風險溝通。
2. SWOT分析法可用來辨識什麼風險？
   (　)財務風險　(　)策略風險　(　)作業風險。
   (註：S＝Strength, W＝Weakness, O＝Opportunity, T＝Threat)
3. 傳統保險可轉嫁哪類風險？
   (　)策略風險　(　)作業風險　(　)財務風險。
4. 利率波動用什麼工具轉嫁避險？
   (　)保險　(　)衍生品　(　)自我保險。
   (註：衍生品包括遠期契約、期貨、選擇權與交換合約)
   (註：自我保險是風險承擔的性質)
5. 想一想，風險管理過程為何是循環性的？＿＿＿＿＿＿＿＿＿＿

Unit 1-5
保險與風險管理

從前一單元,可很清楚知道,保險 (Insurance) 是重要的風險理財/融資工具之一。例如:國泰人壽或富邦產險公司賣一塊錢保險,就承擔了一塊錢的風險保障。另一方面,對買保險的人、公司或其他組織來說,就轉嫁了一塊錢的風險給國泰人壽或富邦產險公司。這種承擔與轉嫁就是風險理財/融資,因為風險承擔 (Risk Retention) 指的是彌補損失的資金來自組織內部,而資金如來自組織外部,那就是風險轉嫁 (Risk Transfer)。

(一)保險也是重要的風險中介工具

如果兩家公司同樣面臨同性質的火災風險分配,兩家公司互相約定發生火災損失時,各對對方負責一半損失,那麼每家公司的火災風險都會降低,這樣似乎沒有保險公司也無所謂。其實不然,因兩家公司很難做上述約定,此時,保險公司可扮演兩家公司火災風險約定的中介角色。

(二)保險的定義

就保險人立場而言,可從財務觀點來規範保險,也可從法律契約觀點來規範保險。前者,對保險界來說最為簡潔,也是最權威的定義,當推恩師陽肇昌[*]先生的定義,恩師對保險的定義如下:保險乃集合多數同類危險 (Risk)[**]、分擔損失之一種經濟制度。至於後者,界說保險如下:所謂保險係指契約雙方當事人約定,一方交付保費於他方,他方承諾於特定事故發生時,承擔保險責任的一種契約。此種界說,把保險視為一種法律契約。另一方面,就投保人立場而言,所謂保險係指不可預期損失的轉嫁和重分配的一種財務安排。同時,購買保險是把不確定且大的損失,轉化為確定且小的保費支出。

(三)什麼不是保險

與保險類似的概念、名詞與機制,為數眾多。例如:保全與保險間不同、儲蓄互助會與保險間不同、救濟與保險間不同、售後服務與保險間不同、賭博與保險間不同等。

(四)可保風險與保險

傳統保險通常只承保純風險中的可保風險 (Insurable Risk),因純風險的損失可測性高,而理想的可保風險有幾種特質條件:1.同質的曝險單位數要夠多;2.意外損失要明確且可測度;3.損失幅度要夠大但不是巨災;4.損失頻率要低。

---

[*] 恩師陽肇昌先生創設逢甲大學保險研究所 (現稱風險管理與保險研究所),恩師雖已仙逝,但其保險的造詣與對臺灣保險教育的遠見及貢獻極大,臺灣保險產官學界裡眾多翹楚,均是恩師的學生,其行誼與事業成就,堪為所有後學的典範。

[**] 英文「Risk」,恩師堅持譯為「危險」,不可譯成「風險」,自有其時空背景與當時專業的觀點,這譯名也一直被現今臺灣保險業界,奉為標準譯名。

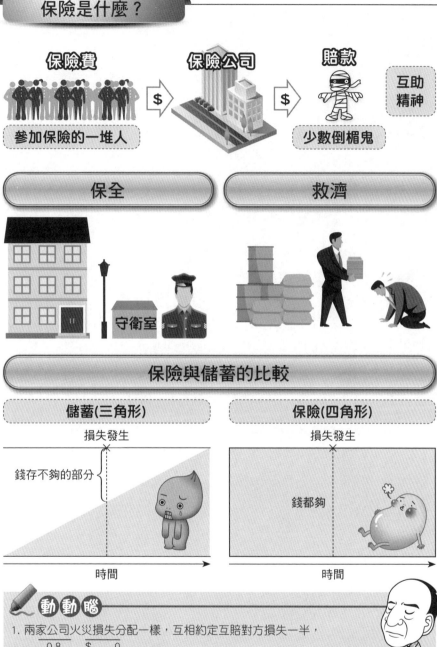

保險是什麼？

保險費　　保險公司　　賠款　　互助精神

參加保險的一堆人　　$ 　　$ 　　少數倒楣鬼

保全　　　救濟

守衛室

保險與儲蓄的比較

儲蓄(三角形)

損失發生 ×

錢存不夠的部分

時間

保險(四角形)

損失發生 ×

錢都夠

時間

動動腦

1. 兩家公司火災損失分配一樣，互相約定互賠對方損失一半，

　0.8　$　0
　0.2　$2,500

　算一算約定前的各家平均數與標準差？約定後的各家平均數與標準差？

2. 傳染病伊波拉病毒可不可保？為什麼？_____

3. 為何有人說：「保險像賭博」？哪裡像？哪裡不像？_____

4. 手機壞了，但在保證期間的售後服務是不是保險？為什麼？_____

第 **2** 章
保險的理論基礎與社會價值

●●●●●●●●●●●●●●●●●●●●●●●●●●●● 章節體系架構

Unit 2-1
保險的理論基礎

　　保險的營運，奠基於三個理論基礎：第一是大數法則 (Law of Large Numbers)；第二是風險的同質性 (Homogeneity of Risk)；第三是損失的分攤 (Sharing of Loss)。大數法則使保險發揮降低風險的功效，也提供保險行銷招攬的理論基礎。風險同質性的要求，使保險核保及費率精算上，更趨公平合理化。分攤損失不僅使保險充分發揮互助功能，也使費率公平、合理、充分的精算目標得以完成，間接促使保險理賠迅速確實。

(一)大數法則

　　大數法則意即當試驗次數愈增加，預期結果會愈接近實際的結果。根據此一意義用在保險經營上，即是當風險單位數愈增加，則預期損失會愈接近實際損失。換言之，風險程度將相形降低。此因風險單位愈增加時，則實際損失與預期損失間的變動也愈增加，但此種變動的增加，是與所增加的風險單位之平方根成比例。例如：汽車碰撞機會為百分之一。一千輛汽車預期將有十輛，發生碰撞損失。如實際碰撞損失的輛數，在八輛與十二輛間，則風險程度為百分之二十。若汽車增加一百倍即十萬輛，依百分之一的碰撞機會，則預期有一千輛，發生碰撞損失。實際損失範圍，則在九百八十輛與一千零二十輛間。因此，風險程度降至百分之二 (20 除以 1,000)。

(二)風險的同質性

　　保險經營不僅需要組合眾多風險單位，技術上也需要謀求風險的適當分類。分類的依據是風險的同質性。所謂風險的同質性，係指各個風險單位間，遭受來自特定危險事故的損失頻率和幅度，大體相近之意。例如：同樣 20 歲的男性，平均死亡率大約相同，但與 50 歲的男性比較，兩者間不具備同質性。再如，十棟房子，其中九棟價值100萬元、一棟價值600萬元。發生火災時，600萬元的房子，損失必較其他九棟嚴重。是故，這棟房子與其他九棟不同質。為求風險的同質，技術上，必須依影響損失頻率與幅度的某些因素，把風險單位加以分類。其次，風險分類不公平合理，將影響預測損失的精確性，亦會影響投保人負擔的不公平，甚或可能導致保險制度的崩潰。

(三)損失的分攤

　　互助是保險的哲學基礎。少數人蒙受損失，透過保險制度由多數人共同分擔，這是保險存在的價值。損失的分攤是少數人的損失由多數參加者分攤，互助的精神得以發揮。

大數法則

每顆骰子有六面，分別是1，2，3，4，5，6點，平均值3.5點。丟10次的點數平均很難接近3.5，丟10萬次的點數平均就會很接近3.5。

風險同質性

老　　中　　青　　幼童

上列不同族群，死亡風險不同質。

損失分攤

損失分攤有風險分散的概念

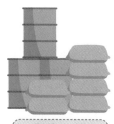   

上游　　　　　　　　　　　　　下游

貨物一堆　　　分船運送(分散貨物損失風險)

動動腦

1. 年齡60歲與20歲的人買同一壽險商品，保險費會不同，這是因為什麼關係？
   (　)大數法則　(　)風險異質　(　)損失分攤。
2. 鋼筋水泥建築與木造房屋間，火災風險有何不同？＿＿＿＿＿＿＿＿＿＿
3. 有人說：「保險是最神聖的行業」，您如何解釋？＿＿＿＿＿＿＿＿＿＿
4. 保險公司僱用一堆人賣保險，這是根據什麼理論基礎？＿＿＿＿＿＿＿

Unit **2-2**
保險的類別與其社會價值

(一)保險的類別

　　保險的類別眾多，常見的有：1. 依臺灣保險法分：有財產保險與人身保險，每類又可細分；2. 依保險標的分：有財產保險、責任保險與人身保險；3. 依經營目的分：有營利性保險與非營利性保險；4. 依保費性質分：有費用保險與儲蓄保險。其他常見的類別與分法，請參閱 Unit 4-2。

(二)保險的社會價值

　　保險的社會價值 (Social Benefit) 超過社會成本 (Social Cost)，一直是保險文獻中常見的結論。

　　1. 可促成資源的合理分配。保險制度可降低不穩定程度，整個社會資源能有合理分配的基礎。

　　2. 可促進公平合理的競爭。保險可使大小規模不同的企業，在同一風險水準上，從事公平合理的競爭。

　　3. 有助於生產與社會的穩定。保險具有把不確定，轉化為穩定的能力，當然有助於生產與社會的穩定。

　　4. 可提供信用基礎。個人信用或企業信用，均可因保險而增強。企業可增強資金融通能力。

　　5. 可以解決部分社會問題。例如：社會保險與失業保險等。

　　6. 可提供長期資本。經濟成長有賴長期資金，保險的長期業務可符合需求。

(三)保險的社會成本

　　1. 保險的營業費用成本，也就是投保大眾支付的附加保費部分。

　　2. 道德及心理危險因素，所引發的成本。例如：1983 年發生的洪進南和廖春福，詐領保險金一案。此外，近年來保險的社會成本正在急遽攀升，社會價值不一定經常凌駕社會成本。由此觀之，政府應如何控制社會成本是迫切課題。尤其政府該如何引導保險業，協力控制道德與心理危險因素所引發的社會成本。

小博士解說　保險發展簡史

　　西元前4000年，中國揚子江(現今稱長江)商人，以皮筏分散運送貨物，為風險分散的最早開端。1343年全球第一張保單出現。西元前存在的海上冒險借貸制度，可說是水險的最早源起。1666年倫敦大火後，出現火災保險。15-16世紀產業革命後，出現人壽保險。17-18世紀組成世界僅存的個人保險商組織──倫敦勞伊茲(Lloyds of London)。

保險的社會價值

提供資金

保險公司  高鐵

轉成確定的保費

意外損失
的不確定 ➡ $ ➡ 保險
公司

保險的社會成本

自己房子　　縱火　　被保險人　　　　　保險公司　　詐領保險賠款
　　　　　　　　　　　　　　騙　　　　　　　　　　　　(如故意縱火)
　　　　　　　　　　　　保險公司

保費與保險的社會成本

附加保費 ┈┈➤ 是保險的社會成本

保
險
費

純保費 ┈┈➤ 不是社會成本(保險存不存在，社會均會承擔損失，故不
　　　　　　　屬於保險的社會成本)

✎ 動動腦

1. 想一想，保險對社會的好處？＿＿＿＿＿＿＿＿＿＿＿＿＿＿＿＿＿＿＿＿

2. 想一想，為何有人要詐領保險賠款？＿＿＿＿＿＿＿＿＿＿＿＿＿＿＿＿＿

3. 人壽保險通常期間很長，有十年或更長，為何它是儲蓄保險而不是費用保險？
＿＿＿＿＿＿＿＿＿＿＿＿＿＿＿＿＿＿＿＿＿＿＿＿＿＿＿＿＿＿＿＿＿＿

4. 想一想，政府與保險業要如何防範詐領保險賠款？＿＿＿＿＿＿＿＿＿＿＿

第 **3** 章

保險事業的組織型態

 ● 章節體系架構 ▼

Unit **3-1**
勞伊茲個人保險商

保險事業包括簽單的保險業與保險中介業及其他合作性組織。保險業不論公民營，其組織型態上可歸納為三大類：1.個人保險商；2.股份與相互保險公司；3.保險合作社等型態的相互組織。保險中介業則可分為個人獨立執業與公司型態。而其他合作性組織則是保險業間或保險中介業間，財務或技術性結合的組織。

(一)勞伊茲的組織成員

當今最典型也是唯一的個人保險商，當推至今仍在運作的倫敦勞伊茲 (Lloyds of London)。現代保險發展的歷史與其關係密切，尤其是海上保險的歷史發展。有趣的是，該組織的名號卻取自倫敦塔街賣咖啡老闆的名字，即為愛德華・勞伊茲 (Edward Lloyds)。該組織源起於17世紀，1871年成為法人組織，但簽發保險單的仍是自然人身分的個人保險商。該組織成員可分為：

1.承保會員 (Underwriting Member)，這是有權以個人名義簽發保險單的成員，又稱「Names」；2.非承保會員 (Non-Underwriting Member)，通常指勞伊茲經紀人，無權直接簽發保險單，但可安排業務給承保會員；3.年費會員 (Annual Subscribers)，屬於會員以外的團體，繳交年費可安排業務給承保會員；4.準會員 (Associates)，通常指提供保險相關專業服務的律師、會計師、理算師等人員。

(二)勞伊茲的功能與財務保證

020

勞伊茲組織的主要功能，包括：1.在全球保險市場中，扮演全球保險業務最後消化的市場，尤其海上保險業務，一直以來被視為英國的國寶；2.提供全球最完整的海上與航空保險的損失紀錄；3.勞伊茲擁有全球公認最專業的海上與航空保險理算師；4.勞伊茲組織為其成員提供交易承保場所、訂定糾紛仲裁管理規則與簽發保險單規則。其次，勞伊茲組織承保會員除重視信用與財務能力，且負無限責任外，勞伊茲組織也為其成員，提供四大財務保證制度，包括：

1.承保保證金 (Underwriting Deposit)；2.保費信託基金 (Premium Trust Fund)；3.中央保證基金 (Central Guarantee Fund)；4.核保代理人提存的準備金 (Reserve Held by Underwriting Agent)。

小博士解說　**勞伊茲與咖啡**

勞伊茲個人保險商組織的命名與英國倫敦塔街賣咖啡的老闆愛德華・勞伊茲（Edward Lloyds）有關，因該咖啡店提供商人的保險承保訊息，為紀念他而命名。

倫敦塔街咖啡屋

(資料來源：Flower, Rand Jones, M.W. (1974). Lloyds of London-an illustrated history)

勞伊茲承保大廳

(資料來源：同上圖。)

愛德華‧勞伊茲的簽名

✏️ 動動腦

1. 勞伊茲組織的源起與什麼險種很有關係？
   (　)海上保險　(　)火災保險　(　)人壽保險。
2. 勞伊茲成員有哪些？＿＿＿＿＿＿＿＿＿＿＿＿＿＿
3. 勞伊茲的財務保證有哪些？＿＿＿＿＿＿＿＿＿＿＿＿
4. 想一想，英國為何會存在這種勞伊茲組織？＿＿＿＿＿＿

Unit **3-2**
股份與相互保險公司

(一)股份保險公司

　　當今全球保險業占比例最高的組織型態，無非就是股份有限公司，也就是以營利為目的的股份保險公司 (Stock Company)。股份保險公司當然由股東們出資成立，最高權力機構就是股東大會，其下再設董事會。董事會負責聘請專業經理人負責公司經營，這是典型的所有權與經營權分離的組織型態。保險公司的董事長與專業經理人，均需具備一定的消極和積極的資格條件始能擔任。董事會由一定人數的董監事們組成，董監事們負責監督公司經營，所擔負的責任，由於保險業為特許行業，自然與一般公司的董監事們責任不同。股份保險公司股東不一定是保戶，這與相互保險公司的社員就是保戶不同。

(二)相互保險公司

　　相互保險公司 (Mutual Company) 是保險業中很獨特的公司組織，它既是公司但是非營利的，它是保險公司但收費方式與股份保險公司又截然不同，它同樣有資產負債表但沒有股本科目，這又與股份保險公司不同。此外，相互保險公司是由社員組成，且社員就是保戶，但股份保險公司由股東組成，然而股東不一定是保戶。根據其收費方式，相互保險公司又分為：

　　1.純賦課式的相互保險公司：此公司在投保時，是完全不收純保費的，但只收取小部分的附加保費；保險結束時，再結算真正保險費，而由全體社員無限責任式攤提不足的保險費；2.預收保費式的相互保險公司：此公司在投保時，是收足附加保費的，但只收取小部分純保費；保險結束時，再結算真正保險費，而由全體社員採有限責任式攤提不足的保險費；3.永久式的相互保險公司：此公司在投保時，是收足附加保費的，但只收取小部分純保費；保險結束時，再結算真正保險費，而由全體社員採無限責任式攤提不足的保險費。

　　一般而言，相互保險公司在壽險業較為盛行。在美國壽險公司排名中，名列前茅的壽險公司，不乏屬相互保險公司者，例如：Mutual Life壽險公司等。

小博士解說　　保險公司的貝式評等 (Best Rating)

美國 A. M. Best 公司成立於 1899 年，是專門針對美國保險業給予評等的公司。1900 年開始針對產險業，隨後在 1906 年針對壽險業。A. M. Best 公司給予的評等，包括 Best's 評等與 Best's 財務表現評等 (Financial Peformance Rating, FPR)。Best's 評等分十六級：A++ 及 A+ 為卓越、A 及 A– 為優良、B++ 及 B+ 為良好，其他等級都是脆弱等級。FPR 5至 FPR 9 是安全的評等，FPR 1 至 FPR 4 是脆弱的評等。

股份保險公司

投保人 ➡ 保險公司 (營利) ⬅ 股東大會　出資　股東

相互保險公司

投保人 ➡ 相互保險公司 (非營利) ⬅ 社員大會　社員　成為

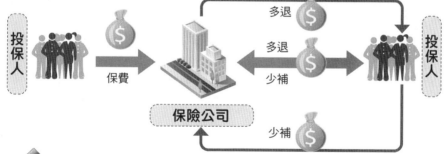

賦課保費

投保人 ➡ 保費 ➡ 保險公司 ➡ 投保人

多退 $

多退 $　少補

少補 $

 動動腦

1. 想一想，為何股份保險公司占保險業組織型態的比例最高？

2. 相互保險公司社員就是保戶，又是非營利，這種組織為何不多見？

3. 相互保險公司依收費方式，可分為幾種？

4. 為何相互保險公司收費方式會與股份保險公司不一樣？

Unit **3-3**
保險合作社等型態的相互組織

合作型態的保險組織都不是公司組織，有相互保險社、交互保險社與保險合作社。其中，在臺灣法定的合作保險組織，就是保險合作社。

(一)保險合作社

保險合作社是社團法人，社員與合作社間是社員關係，成為社員有繳納股金的義務，如要成為保險關係中的被保險人，則要另繳保險費，始能成為保險合作社的保戶。這種保險關係與社員關係間，是獨立的；換言之，社員不一定是保戶；反之，保戶也不一定是社員。此外，臺灣保險合作社在法律上只能簽發以參加保單紅利為主的保險單。

(二)交互保險社

交互保險社則是相當獨特的合作性保險組織。交互保險社本身是不能簽發保險單的，類似勞伊茲組織本身也不簽發保險單。交互保險社僅是提供場所給其社員間相互承保，它是封閉式的社員間交互承保，每一社員設置個別帳戶，記載各自的承保權利與義務。交互保險社的經營，則委託有法人資格的代理人經營。

(三)相互保險社

相互保險社可說是最原始型態的保險組織，該組織與前兩種型態不同。相互保險社的社員就是保戶，這與保險合作社的社員不一定是保戶有所不同。相互保險社本身可簽發保險單，這又與交互保險社本身不能簽發保險單有所差異。其次，相互保險社與交互保險社均採賦課式保險費方式，而保險合作社則採固定保險費方式。所謂賦課式保險費方式，就是投保時繳納少許的保費，保險結束時再多退少補的方式，這與固定保險費方式很不同。固定保險費方式在保險結束時，沒有多退少補的情事。

小博士解說 　**臺灣的保險合作社**

臺灣保險業唯一的合作性組織，就是成立於 1981 年的「有限責任臺灣省漁船產物保險合作社」。1981 年之前，漁船產物保險由臺灣產物保險業共保，之後漁船業者認為保費偏高，造成漁業成本增加，間接影響臺灣漁業發展。因此，乃由臺灣省漁會以漁船主（船東）互助方式，自辦漁船保險。

保險合作社

交保費
簽保單
保險合作社
交股金

投保人

社員

交互保險社

代理人
經營

交互保險社場所
(只是交易所)

社員

社員

在此互相承保

相互保險社

交保費
簽保單
相互保險社
社員大會

投保人

社員

動動腦

1. 臺灣唯一保險合作社，稱為＿＿＿＿＿＿＿＿＿＿。
2. 保險合作社不能簽發保單：
   （　）對　（　）錯。
3. 交互保險社可簽發保單：
   （　）對　（　）錯。
4. 相互保險社採賦課式收費方式：
   （　）對　（　）錯。
5. 相互保險社與相互保險公司，都是非營利的：
   （　）對　（　）錯。

Unit 3-4
保險中介業與其他合作性組織

保險事業除簽發保險單的保險業外，還包括不能簽發保險單的保險中介業與其他保險業間或保險中介業間的合作性組織。保險中介業在臺灣，即稱保險輔助人。

(一)保險中介業

保險中介業在保險事業中扮演的是，保險行銷與損失理算的角色，它包括保險代理人、保險經紀人與保險公證人，其意義與管理規則參閱後述章節。保險中介業一般相關的合作性組織，主要包括：

1.中華民國保險經紀人協會。
2.中華民國保險經紀人商業公會。
3.中華民國保險代理人商業公會。
4.臺北市公證人 (公估人) 商業同業公會。

(二)其他合作性組織

保險事業中的保險業除一般相關的合作性組織外，還包括因財務與技術結合的特殊合作性組織。保險業的一般相關性合作組織眾多，例如：1.中華民國產物保險商業同業公會；2.中華民國人壽保險商業同業公會；3.中華民國精算學會；4.中華民國人壽保險管理學會；5.中華民國產物保險核保學會等。保險業財務與技術結合的特殊合作性組織，例如：安定基金、核能保險聯合會、工程保險協進會等。

小博士解說 　再保險經紀簡史

1.「再保險經紀人」一詞，最早出現在文獻——1910年Post Magazine Almanack。

2.最早的再保險經紀業務——1829年火險再保合約的經紀人為倫敦的 J. Cazenove。

3.再保險經紀業務最大貢獻者——1865年Martin Heckscher。

4.美國最大再保險經紀公司——Guy Carpenter。

臺灣著名外商保險中介業
臺灣外商保險中介業以經營財產保險為主，著名的有：

1.Marsh (達信) 以保險經紀業務為主。

2.Aon (怡安) 以保險經紀業務為主。

3.英商 McLarens (麥理倫) 以保險公證業務為主。

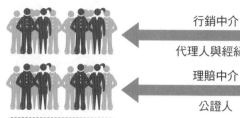

保險中介業

投保大眾 ← 行銷中介 / 代理人與經紀人 / 理賠中介 / 公證人 → 保險公司

再保中介業

保險公司 ← 安排再保 / 再保經紀人 → 再保公司

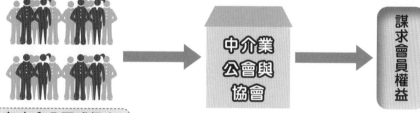

中介業組織

各中介公司或個人 → 中介業公會與協會 → 謀求會員權益

動動腦

1. 最早的再保經紀業務，在哪一個國家？
   (　)英國　(　)法國　(　)德國。
2. 財務結合的特殊組織是：
   (　)安全基金　(　)核能保險聯合會　(　)工程保險協進會。
3. 保險公證人在臺的外商是：
   (　)英商　(　)美商　(　)法商。
4. 為何要中介同業的相關組織？有何功能？＿＿＿＿＿＿＿＿＿＿

第 **4** 章
保險契約的
基本性質與類別

●●●●●●●●●●●●●●●●●●●●●●●●●● 章節體系架構 ▼

Unit **4-1**
保險契約的基本概念

　　從法律觀點而言，保險各類組織所販賣的商品，其實就是一張契約合同。然而，它是與眾不同的契約。其次，它也有許多類別。

(一)保險契約的當事人與關係人

　　所謂當事人就是訂立契約的主體。訂立保險契約的主體就是要保人與保險人，也就是買賣雙方，至於涉及的被保險人與受益人則是關係人。依照臺灣保險法的定義，所謂要保人，係指對保險標的具有保險利益，向保險人申請訂立保險契約，並負有交付保險費義務之人 (保險法§3)。保險標的包括人命、財產與責任。保險利益是一種利害關係，容後說明。保險費是訂立契約的代價，亦容後說明。根據上述定義，要保人的資格就是對保險標的要有利害關係，才有申請投保的權利，有權利就會有義務，那就是交保費。此外，留意要保人可以是自然人或法人，同時需具有行為能力。

　　其次，保險人也就是保險的各類組織。依照臺灣保險法的定義，所謂保險人，係指經營保險事業之各種組織，在保險契約成立時，有保險費之請求權；在承保事故發生時，依其所承保之責任，負擔賠償之義務 (保險法§2)。保險人同樣有權利就會有義務，權利就是對要保人有保險費之請求權，義務就是在一定條件下，負擔賠償。此外，需留意，其實保險契約一旦成立，保險人就承擔責任，只是賠不賠，基本上是隨機的且有條件的。

　　最後，兩位關係人的被保險人與受益人，依照臺灣保險法的定義，所謂被保險人，係指保險事故發生時，遭受損害，享有賠償請求權之人，要保人亦得為被保險人 (保險法§4)。而所謂受益人，係指被保險人或要保人約定享有賠償請求權之人，要保人或被保險人均得為受益人 (保險法§5)。被保險人是保險人要承保的對象，被保險人的人命、財產與責任是保險標的。因此，要保人與被保險人間，要存在某種利害關係。至於受益人有指定受益人與推定受益人之分，也有第一受益人與第二受益人之分。

(二)保險契約的基本特性

　　保險各類組織真正販賣的，其實就是無形的承諾，口說無憑，所以需要以保險契約呈現。這種買賣與一般商品交易，有很大的不同，這項不同就構成保險契約的特性。不同的是，保險是對價交易，是成本未發生前就要定價的交易。一般商品交易，是等價交易，是成本發生後定價的交易。因這些不同，保險契約有：1.最大誠信性/最高誠信性/最大善意性 (因口說無憑與反轉交易的關係)；2.射倖性 (因保險賠不賠，是隨機的且有條件的)；3.附合性 (因保險契約條文，基本上由保險人制定、政府核可，要保人基本上只能做接受與否的決定)；4.對價性。

當事人與關係人

```
        保險利益                    保險單
被保人  ←──────────→   ☺   ←──────────→   保險
        存在                                 公司
受益人
        要保人 (第一人)          保險人 (第二人)
關係人
```

保險契約的基本特性

```
          ┌→  最大誠信  →  告知義務 (據實說明)
保        ├→  射倖性    →  保險事故是否發生
險        │
單        ├→  附合性    →  定型化契約
          └→  對價性    →  保險費  ←→  保險賠款
```

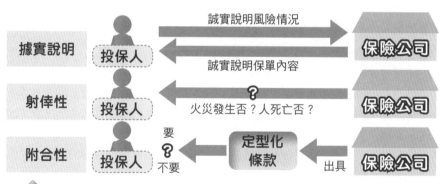

據實說明	投保人	誠實說明風險情況 → / ← 誠實說明保單內容	保險公司
射倖性	投保人	← 火災發生否？人死亡否？	保險公司
附合性	投保人	要/不要 ← 定型化條款 ← 出具	保險公司

動動腦

1. 可請領保險公司賠款的人，稱為：
   （ ）要保人 （ ）被保險人 （ ）受益人。
2. 保險契約的關係人是：
   （ ）保險人 （ ）要保人 （ ）受益人。
3. 保險事故是否發生，是保險人賠不賠的條件，稱為：
   （ ）對價性 （ ）射倖性 （ ）附合性。
4. 學校法人可以就其財產投保嗎？
   （ ）可以 （ ）不可以。
5. 交付保險費義務的人，稱為：
   （ ）要保人 （ ）被保險人 （ ）受益人。

Unit 4-2
投保方式與保險契約的類別

前面提到，要保人有申請投保的權利，同時也提到，要保人可以是被保險人與受益人，被保險人也可以是受益人。因此，就有五種投保方式。

(一)五種投保方式

第一種就是要保人、被保險人與受益人都是同一個人。例如：房子是自己所有，向保險公司買火災保險或自己以生命投保，買年金保險，都可以自己當要保人、被保險人與受益人。第二種就是要保人、被保險人與受益人都不是同一個人，也就是三位不同的人。例如：老公幫老婆買定期死亡保險，兒女當受益人。要保人為老公的名字，被保險人是老婆的名字，受益人是兒女的名字。第三種是要保人與被保險人是同一個人，但受益人是另外一個人。例如：以自己生命投保，買定期死亡保險給小三或元配，此時，要保人與被保險人是同一個人，受益人就是小三或元配。第四種就是被保險人與受益人是同一個人，但要保人是另外一位。例如：老公只付錢投保年金保險給老婆，被保險人與受益人都是老婆，要保人就是老公。第五種就是要保人與受益人為同一個人，被保險人是另外一位。例如：債權人徵得債務人書面同意，以債權金額為保險金額，以債權期間當保險期間，向保險公司購買定期死亡保險。要保人與受益人都是債權人，被保險人是債務人。

(二)保險契約的類別

在此，就常見的分類，加以說明如下：

1.第一人保險契約與第三人保險契約：所謂第一人係指要保人與被保險人及受益人而言。第三人則指保險契約以外所有大眾而言。保險契約另一當事人的保險人則是第二人。那麼，第一人保險契約就是為第一人利益的保險契約，也就是所有的財產與人身保險契約。至於第三人保險契約就是責任保險契約，責任保險契約表面上是保障被保險人，但真正受保障的是契約外，不具名的受害人。

2.定額保險契約與補償保險契約：保險標的無法客觀計價的保險契約就屬定額保險契約，例如：人壽保險契約，保險金額就是其理賠金額。反之，保險標的可客觀計價的保險契約就屬補償保險契約，例如：財產保險契約，保險金額就不是其理賠金額，只是其理賠的最高限度，理賠金額則要依契約條件因素計算。

3.足額保險契約、不足額保險契約與超額保險契約：在補償保險契約中，才有此分類。當損失發生時，保險標的客觀計價的金額等於保險金額時，也就是保險價額等於保險金額時，就是足額保險契約。如保險價額小於保險金額時，就是超額保險契約。保險價額高於保險金額時，就是不足額保險契約。

4.定值保險契約與不定值保險契約：在補償保險契約中，才有此分類。投保時，雙方當事人事先約定保險標的價值且訂明在契約上，理賠時也以此價值為基礎計算的，為定值保險契約，例如：藝術品保險。反之，則為不定值保險契約，例如：火災保險。

投保方式

方式＼人員	要保人	被保人	受益人
(1)	甲	甲	甲
(2)	甲	乙	丙
(3)	甲	甲	乙
(4)	甲	乙	乙
(5)	甲	乙	甲

保險契約的類別

定額與補償

定額 投保100萬人命 → **保險公司**
← 就賠100萬

補償 投保100萬財產 → **保險公司**
← 不一定賠100萬

足額 不足額 超額

	保險額
足額 →	100萬
不足額 →	50萬
超額 →	150萬

房子值100萬

定值保險 | 張大千的畫 → 訂約時約定價值100萬，理賠時照約定計算賠款。 | **定值保險 藝術品保險**

033

動動腦

1. 五種投保方式各舉例說明。
2. 人壽保險是第一人保險？
   （　）對　（　）錯。
3. 保險契約的第三人是誰？
   （　）要保人　（　）保險人　（　）契約外受害者。
4. 火災保險是：
   （　）定值保險　（　）不定值保險。
5. 房子估400萬元，保100萬元是：
   （　）超額保險　（　）不足額保險。

第 **5** 章

保險契約原則(一)
──最大誠信原則

●●●●●●●●●●●●●●●●●●●●●●● 章節體系架構

Unit **5-1**
最大誠信與據實說明

前提及，最大誠信 (Utmost Good Faith) 是保險契約特性之一，具體則呈現於法律對據實說明、通知、保證的相關規定上。一般買賣交易完成，主要繫於買方的決定，但保險交易的完成，主要繫於賣方決定的反轉交易。因此，一般契約的購買者當心原則，就不完全適用於保險契約，而保險契約對誠信的要求，就比一般契約所要求的誠信程度更高、更大，同時也要求買賣雙方均應盡到最大誠信。

(一)據實說明義務

依據臺灣保險法，據實說明義務是屬於要保人的法定義務。第 64 條規定：訂立契約時，要保人對於保險人之書面詢問，應據實說明。要保人故意隱匿，或過失遺漏，或為不實之說明，足以變更或減少保險人對於危險之估計者，保險人得解除契約；其危險發生後亦同。但要保人證明危險之發生未基於其說明或未說明之事實時，不在此限。前項解除契約權，自保險人知有解除之原因後，經過一個月不行使而消滅；或契約訂立後經過二年，即有可以解除之原因，亦不得解除契約 (保險法§64)。根據這條條文，有幾點需留意：

第一、據實說明義務履行的時點，是訂約時，由要保人負責履行。

第二、是對保險人書面詢問的事項，要盡最大誠信老實說明。書面外的事項，原則上可不說明，但也不一定。

第三、足以變更或減少保險人對於風險估計的事項稱為重大事項，如果保險事故發生與重大事項有因果關係，那麼即使此重大事項，保險人書面上沒有詢問，要保人仍應據實說明。書面上沒有詢問是因保險人無法知悉但要保人明知或應知，所以即使沒有書面詢問，要保人仍應說明。

第四、違反據實說明義務，其法律效果就是保險人解除契約，但有期限限制。

(二)通知義務

通知義務與據實說明義務不同，通知義務是保險契約訂立後，雙方當事人或關係人應履行的法定義務，不履行該義務，同樣產生不利於雙方的法律效果。臺灣保險法第 56 條至第 63 條都是關於雙方當事人通知義務的規定。保險法第 56 條是關於變更或恢復保險契約效力的通知，此義務由要保人或關係人履行，保險人收到通知後十天內不拒絕，就代表同意變更或恢復契約效力，但人壽保險契約不在此限。保險法第 57 條是關於雙方當事人如怠於通知應通知的事項，任一方均得解除契約。保險法第 58 條是關於要保人或關係人對保險事故發生應於五天內通知保險人的規定。保險法第 59 條是關於要保人或關係人對危險增加的通知。保險法第 60 條是關於危險增加的法律效果。保險法第 61 條是關於危險增加時無須通知的情形。保險法第 62 條是關於當事人不負通知義務的情形。保險法第 63 條是關於違反通知義務的法律效果。

最大誠信緣起

 保險人對標的無從得知 →

← 投保

Lloyds個人保險商 **海上保險投保人** 貨物出海

據實說明義務

 要求就重大事項說明 → ┊ ← 履行說明義務

訂約時

保險人 **重大事項對每一險種不同** **投保人**

重大事項

火災保險
位在哪裡？作什麼用？建材是什麼？

人壽保險
幾歲？體重？身高？職業？

通知義務

履行通知義務
╳
訂約後　　　　　　內容包括損失發生的通知等事項

無需通知情形
1. 保險法第61條：例如：損害發生不影響保險人負擔者。
2. 保險法第62條：例如：他方已知者。

037

動動腦

1. 最大誠信緣起於：
   （　）海上保險　（　）火災保險　（　）人壽保險。
2. 請舉例說明火災保險的重大事項。＿＿＿＿＿＿
3. 請舉例說明人壽保險的重大事項。＿＿＿＿＿＿
4. 請舉例說明汽車保險的重大事項。＿＿＿＿＿＿
5. 房屋變更用途時，投保人要盡：
   （　）據實說明義務　（　）通知義務。

Unit **5-2**
最大誠信與保證

圖解保險學

　　保證在一般契約亦有所見,但對保險契約而言,較特殊些。保證是要保人或被保險人對保險人之特定擔保事項,或稱為特約事項。

(一)明示保證與默示保證

　　明示保證顧名思義,就是明確載於保險契約上的特定擔保事項,例如:建築物內裝置自動灑水系統,因可降低火災風險,其費率可減少,此如屬於保證,則保險契約中應載明自動灑水系統。違反保證事項,保險契約失效。

　　其次,默示保證就是不載明於保險契約上的特定擔保事項,這常見於海上保險,其他險種如產品責任保險亦有之。海上保險的默示保證主要有:
　　1.適航能力。
　　2.不偏航。
　　3.合法航程。

(二)確認保證與承諾保證

　　只保證現在的事實情況,不涉及未來如何的保證,此為確認保證。例如:人壽保險中,保證過去沒動過手術;或如財產保險中,保證消防設施是全新安裝等。至於承諾保證是指保證做某事或不做某事,例:投保火險時,做了消防設施是全新安裝的確認保證,保證在火險保險期間,這些消防設施一定進行維護,並維持完全良好的使用功能,此為承諾保證。

038

(三)違反保證的效果

　　違反保證比違反據實說明與通知更為嚴重,雖然結果都是保險人可解除契約,但違反據實說明與通知義務,保險人解除契約前,均應事先認定所違反的事項是重大事項才可,違反保證則不用認定,直接可解除契約。話雖如此,也有例外。例如:保險人對保證事項棄權,或如環境改變、法令改變,使得保證事項無法履行。

小博士解說　　最大誠信的緣起

早期海上保險的承保與活躍的海上貿易活動有關,船貨已出海遠在天邊,保險人要承保,無從了解標的物實況,全聽投保人的描述說明,才決定承保條件與費率,是故,乃需投保人誠信外,更需最高的誠信程度,否則傷害保險人的決策甚大。

默示保證——海上保險

1.適航能力

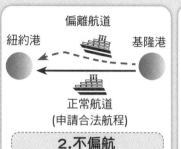

偏離航道

紐約港　　　　　　基隆港

正常航道
(申請合法航程)

2.不偏航

3.合法航程

明示保證

××保險公司
保險單載明

1.＿＿＿＿＿＿

2.＿＿＿＿＿＿

3.＿＿＿＿＿＿

例如：裝置自動灑水系統的保證。

確認保證與承諾保證

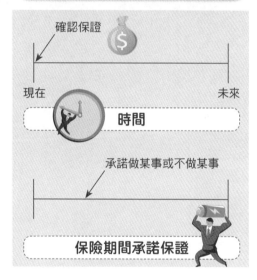

確認保證

現在　　　　　　　　　　未來

時間

承諾做某事或不做某事

保險期間承諾保證

 動動腦

1. 適航能力是海上保險的：
   (　)明示保證　(　)默示保證。
2. 保證過去沒動過手術是：
   (　)確認保證　(　)承諾保證。
3. 保證滅火機具全新安裝是：
   (　)確認保證　(　)承諾保證。
4. 不走私貨物是海上保險的：
   (　)明示保證　(　)默示保證。
5. 違反保證會如何？＿＿＿＿＿＿＿＿＿＿

第 **6** 章

保險契約原則(二)
──保險利益原則

● 章節體系架構 ▼

Unit **6-1**
保險利益的意義與類別

保險利益 (Insurable Interest) 是保險契約標的，沒有它，保險與賭博無異。保險契約利益則是因保險契約訂立後所衍生的權益，自然與保險利益有別。

(一)保險利益的意義與功能

保險利益指的是要保人對保險標的所具有的經濟利害關係，留意是限於經濟利害，不涉及其他利害關係，主要是因損失補償的原則 (見後述)。沒有保險利益所訂的保險契約自始都是無效的。保險契約的訂立作如此要求，是因保險利益扮演如下功能：1. 防止賭博；2. 防止道德危險因素的產生；3. 作為損失補償的最高限度。

(二)保險利益的類別

1.財產保險的保險利益

根據臺灣保險法，財產保險的保險利益有四種：

(1) 現有利益。

(2) 期待利益。

(3) 責任利益。

(4) 契約利益。

現有利益是指要保人現在對財產已具有的物權或準物權，例如：對財產的所有權、抵押權等。期待利益則在現有利益為基礎上，衍生的期待，例如：果農對未來的收成就有期待利益。責任利益依臺灣保險法，則限於運送貨物或保管貨物所擔負的責任。契約利益依臺灣保險法，是指依有效契約產生的利益而言，例如：依租賃契約產生的利益。

2.人身保險的保險利益

根據臺灣保險法，要保人對下列各人的生命與身體有保險利益：

(1)本人：就是要保人與被保險人為同一人，受益人為他人的死亡保險，或受益人為自己的生存保險。

(2)家屬：親屬或非親屬以永久共同生活為目的者，即為家屬。自然地，配偶子女均屬之，法定程序的養子女亦屬家屬。

(3)生活費或教育費所仰給之人：例如：乾爹提供教育費給乾女兒讀大學，那麼乾女兒只要有行為能力，她就可當要保人，而且在徵得乾爹同意後，就可投保死亡保險。反過來說，乾爹是不能根據這項保險利益為乾女兒投保死亡險的。

(4)債務人：例如：林先生借錢給李先生，林先生在徵得李先生同意後，就可投保死亡保險，這種契約以債權金額為保險金額，它是補償性保險的一種，並非定額保險。

(5)為本人管理財產或利益之人：這裡的本人可以是自然人或法人，例如：公司為員工投保團體保險，就是根據這項保險利益。

保險利益的意義

經濟

沒有利害關係不可投保 × × × →

利害關係存在

可投保

保險公司

(人) (物)

被保險標的

要保人

財產保險利益

1.現有利益

要保人 ← 所有權人

3.責任利益

運送貨物時發生車禍，致使貨物散落一地，運送人對貨物有責任利益。

2.期待利益

果農 → 芒果 未來收成

4.契約利益

建造合約

合約生效的利益

人身保險利益

有保險利益關係 ↓

(本人)

(子女)

(乾子女受供教育費，但只有乾子女可當要保人)

要保人

有保險利益關係 ↑

(老婆)

(老公)

(債務人)

(公司員工)

動動腦

1. 甲借錢給乙，要保人可以是：（ ）甲 （ ）乙。
2. 甲提供教育費給乾女兒，要保人可以是：（ ）甲 （ ）乾女兒。
3. 想一想，未婚夫妻間有保險利益嗎？為什麼？_____
4. 中大獎得到汽車，有保險利益嗎？為什麼？_____
5. 同居男女間有保險利益嗎？為什麼？_____
6. 承租人在屋內摔死，出租人有責任利益嗎？為什麼？_____
7. 承租人使用電器不慎釀成火災，承租人對房子有責任利益嗎？為什麼？_____

Unit 6-2
保險利益的時機與變動

　　保險利益關係何時需具備，在財產保險與人身保險領域並不相同。其次，保險利益與保險契約利益間，是不同的兩種概念。保險契約利益指的是保險契約訂立後，契約上所產生的權益而言，例如：賠款請求權、契約上的保單紅利等。此外，需進一步留意，保險標的與保險契約標的間，也是不同的兩種概念。保險標的是保險人承保的財產或生命身體，保險契約標的就是保險利益關係。

(一)保險利益存在的時機

　　財產保險是補償性保險，有損失補償原則的適用；人身保險中的人壽保險是定額保險，沒有損失補償原則的適用。因此，財產保險利益在損失發生時，一定要存在，至於訂約時是否要存在，則依契約是否為對人契約而定。如果是非對人契約，例如：海上貨物保險，就無須在訂約時一定要存在保險利益關係。如果是對人契約，訂約時就要存在。人壽保險是定額保險，在訂約時一定要存在保險利益關係，至於保險事故發生時，不一定要存在保險利益關係。主要原因是：

　　1.壽險不是補償性險種且具長期儲蓄性質，保險事故發生時，保險利益不存在而中止契約，有失公平。

　　2.壽險準備金是以保單責任準備金為主，不像產險以未滿期保費為主的準備金，技術上處理不同。

　　3.保險事故發生時，保險利益不存在而中止契約，保戶權益不容易受到保障。

044

(二)保險利益的變動

　　保險標的變動，保險利益關係也會變動，財產保險契約權益也會隨之變動，但也有例外。例如：契約另約定保險標的的變動時，仍為受讓人或繼承人利益而存在。然而，人壽保險與財產保險不同，人壽保險並無保險利益轉讓，甚或變動的問題。

小博士解說　**壽險與離婚**

　　大家都清楚，人壽保險契約是可以為他人利益投保的，前面也提到人壽保險利益不存在保險事故發生時，需存在保險利益的問題，也因此，被保險人容易引來殺身之禍，這也是人壽保險存在的社會成本。在早年，曾經發生過夫妻離婚，前夫至中國旅遊，臺灣的前妻僱中國殺手欲殺害在中國旅遊的前夫，由於事跡敗露並未得逞，成為當時重大社會新聞。起因是其前夫以其生命投保死亡險，指定受益人為其前妻，顯然只有前夫死亡，其妻才能領取保險金，事發前，夫妻已離婚，雖無保險利益但契約效力仍在。離婚夫妻們，切記，如有類似情況，離婚時，更改受益人，才是防範之道。

保險利益存在的時機

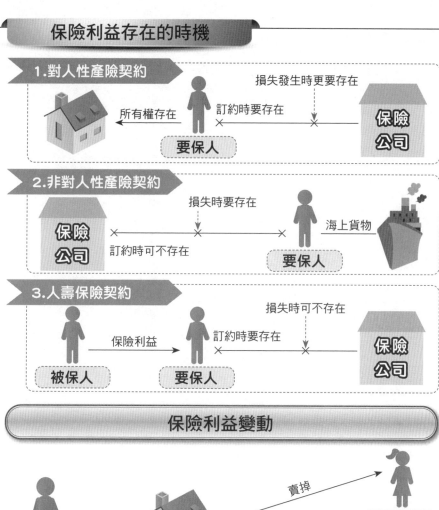

1. 對人性產險契約

所有權存在 ← 要保人 — 訂約時要存在 ✕ ---- 損失發生時更要存在 → 保險公司

2. 非對人性產險契約

保險公司 ✕ — 訂約時可不存在 — ✕ ---- 損失時要存在 → 要保人 — 海上貨物

3. 人壽保險契約

被保人 — 保險利益 → 要保人 — 訂約時要存在 ✕ ---- 損失時可不存在 → 保險公司

保險利益變動

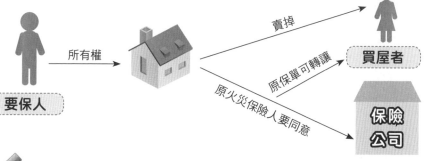

要保人 — 所有權 → 🏠

賣掉 → 買屋者

原保單可轉讓 →

原火災保險人要同意 → 保險公司

動動腦

1. 訂約時，可不存在保險利益的險種：
   (　)海上貨物保險　(　)火災保險　(　)人壽保險。
2. 損失發生時，可不存在保險利益的險種：
   (　)海上貨物保險　(　)火災保險　(　)人壽保險。
3. 房子賣掉給別人，保險契約可不可以同時轉給買主？＿＿＿＿＿＿
4. 人壽保險為何不存在保險利益變動問題？＿＿＿＿＿＿＿＿
5. 如何防範離婚時，因壽險契約遭到殺害？＿＿＿＿＿＿＿＿

保險契約原則(三)
——損失補償原則

● 章節體系架構 ▼

Unit 7-1　損失補償性質與內容

Unit **7-1**
損失補償性質與內容

　　保險可大略分成定額的人壽保險與補償性的保險，很明顯地，損失補償原則 (Indemnity Principle) 適用在補償性的保險領域，完全不適用在定額的人壽保險領域。

(一)損失補償意義與功能

　　簡單來說，在不考慮其他因素下，損失補償就是按實際損失多少，就賠多少，讓被保險人回復到損失前的狀況即可，為防止不當得利，更不容許多賠。用什麼方式賠？這包括：1.用現金賠，壽險與責任險都是；2.回復原貌，火災保險即是；3.重新購置，玻璃保險即是；4.修理毀損，汽車保險即是。至於金額的計算，則有眾多限制因素，請參閱後述。在補償性的保險領域中，該原則的適用也有修正後使用的情形，例如：定值保險與重置成本保險。

(二)代位求償

　　保險事故發生的情況複雜，意外事故發生如果是別人故意造成的，被保險人是否可向保險人求償外，依法再向加害人求償？如可以的話，被保險人會有雙倍賠償，容易超過實際損失，這樣就會違反損失補償原則。因而，就衍生出代位求償原則。代位又分權利代位與物上代位，權利代位就是被保險人取得保險人賠償後，在賠償金額範圍內，將對第三者的請求權轉讓給保險人的意思。物上代位與海上保險的委付有關，委付是指被保險人將標的物所有權，無條件讓給保險人，並要求全額賠償的意思，這也就是推定全損的概念。例如：船沉沒一半，拖救與修理費用高過船舶價值，就會推定全損，實施物上代位。

(三)賠款分攤

　　賠款分攤也是從損失補償原則衍生出來，如賠款，在複保險與其他保險存在的情況下，不依照一定方式分攤賠款，被保險人也會產生不當得利的情形，這會違反損失補償的精神意旨。複保險與其他保險間，嚴格而言有所分別，因複保險通常會有法律上的定義。然而，寬鬆來說，複保險也屬於其他保險存在的情況，只是它是狹義嚴格條件性質的其他保險。通常複保險要同時滿足四項條件：1.同一保險期間；2.同一保險事故；3.同一保險標的；4.同一承保損失。如果沒有同時滿足四項條件，而其他保險人也要承擔保險責任的，那就屬於其他保險情況的其他保險。不論複保險或其他保險均應進行，保險人間的賠款分攤。複保險的賠款分攤有：1.保額比例分攤法；2.獨立責任比例分攤法。其他保險的賠款分攤只採保額比例分攤法。保額比例分攤就是按照各保單的保額除以總保額的比例，分攤損失。獨立責任比例分攤是各保險人在沒有其他保險存在的情況下，先各自計算責任額度，再以各自責任額度除以總責任額度的比例，分攤損失。

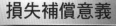

損失補償意義

被保險人 → 房子價值400萬 燒掉一半 → 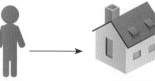 焚毀

被保險人　　房子價值400萬　　　　　　保險頂多賠200萬

代位求償

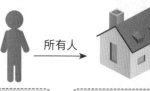 所有人 房子價值400萬 追償 →  縱火者

被保險人　　房子價值400萬

投保火險 → 保險公司

賠款後代位

第七章

保險契約原則(三)──損失補償原則

賠款分攤

被保險人 → 所有人

房子價值400萬　全毀

分攤損失 ← 保險公司甲

分攤損失 ← 保險公司乙

分攤損失 ← 保險公司丙

合計不能超過400萬

049

1. 損失賠款不能用修理方式賠的險種是：
　( )汽車保險　( )人壽保險　( )海上保險。
2. 物上代位有關的險種是：
　( )海上保險　( )人壽保險　( )保證保險。
3. 想一想，賠款分攤為何由損失補償產生？_____
4. 想一想，代位原則為何由損失補償產生？_____
5. 人壽保險為何不能適用損失補償原則？_____

第 **8** 章

保險契約原則(四)
——主力近因原則

● ● ● ● ● ● ● ● ● ● ● ● ● ● ● ● ● ● 章節體系架構 ▼

Unit 8-1　主力近因的概念與內容

Unit 8-1
主力近因的概念與內容

(一)主力近因的概念

主力近因原則 (Proximate Cause Principle) 應用在決定保險人的賠償責任，賠償金額則應用損失補償原則，保險理賠是先決定是否有賠償責任，才決定金額。簡單來說，主力近因就是造成損失最直接有效的原因，它不是指造成損失事件的時間概念。

(二)主力近因原則的運用

針對不同事故造成損失的原因，保險人賠償責任的認定有所不同。

1. 單一原因

(1) 承保事故造成，保險人負全部責任。

(2) 不保事故或除外事故造成，保險人不必負責任。

2. 連續原因

(1) 無間斷

A. 不涉及除外事故，承保事故之後所有損失，保險人均應負責任。

B. 涉及除外事故

．除外事故發生在先，保險人不必負責任。

．承保事故發生在先，保險人只負承保事故造成的損失責任。

(2) 有間斷

A. 不涉及除外事故，保險人負全部損失責任。

B. 涉及除外事故

．除外事故發生在先，保險人只負承保事故造成的損失責任。

．承保事故發生在先，保險人只負承保事故造成的損失責任。

3. 同時原因

(1) 不涉及除外事故

A. 損失可劃分者，保險人只負承保事故造成的損失責任。

B. 損失不可劃分者，保險人均應負責任。

(2) 涉及除外事故

A. 損失可劃分者，保險人只負承保事故造成的損失責任。

B. 損失不可劃分者，保險人無責任。

小博士解說

主力近因也稱緊接原因原則，事件發生與損失間的因果關係極為重要，相關並不表示有因果。例如：臺灣涵碧樓因颱風帶來土石流倒塌事件，這倒塌與土石流間有相關，但不一定有因果關係，這需要專業工程技術人員的認定。

單一原因

保險事故

房子失火 → 火災保險 → 賠

不保事故

大樓因地震倒塌 → 火災保險 → 不賠

有心血管疾病者坐飛機時發作，導致死亡 → 人壽保險 → 不賠

連續原因 —— 無間斷

火山爆發 → 天搖地動地震 → 發生火災 → 火災保險 → 不賠

(除外事故) ←——因果關係——→ (保險事故)

同時原因 —— 損失如不可劃分

$ \$ $

同時發生

| 海嘯 (除外事故) | 地震 (除外事故) | 火災 (保險事故) | 房屋毀損 | → 火災保險 → 不賠 |

 動動腦

1. 主力近因原則與什麼有關？
   ( )賠償金額   ( )賠款責任
2. 想一想，高血壓致死，壽險賠不賠？＿＿＿＿＿＿＿＿＿
3. 坐飛機墜機導致死亡，壽險賠不賠？＿＿＿＿＿＿＿＿＿
4. 主力近因原則與損失補償原則有何關係？＿＿＿＿＿＿＿

第 9 章
保險公司治理

 章節體系架構 ▼

Unit **9-1**
公司治理的定義與內涵

公司治理議題源自公司結構、公司所有人與管理層間的代理問題 (Agency Problem)。「公司治理」一詞在 1970 年代，才發軔於美國。公司治理目前主要有兩種治理模式：一為股東價值模式或稱代理模式 (Shareholder Value or Agency Model)；另一為利害關係人模式 (Stakeholder Model)。前者較為普遍，以達成股東利益為治理的唯一基準，英、美是該模式的代表；後者範圍極廣，除達成股東利益外，還涉及公司活動需完成社會、環境與經濟利益，此模式以南非為主。各國對公司治理的法制，也有兩種建制方式：一為單軌制，另一為雙軌制。前者由董事會集業務執行與監督於一身，得分設各功能委員會 (包括審計委員會等)，該建制以美國為代表；後者則在董事會上設置監察人會，監察人會不直接管理公司，但有批准董事會重大決議的權力，此種建制以德國為代表。目前，臺灣的公司治理法制，趨向單軌制。

(一)公司治理的定義與內涵

中華治理協會對公司治理所作的定義如後：「公司治理是一種指導及管理的機制，並落實公司經營者責任的過程，藉由加強公司績效且兼顧其他利害關係人利益，以保障股東權益。」公司治理的內涵，主要包括兩個面向的平衡，一是確保面 (Conformance Dimension)，另一為績效面 (Performance Dimension)。確保面的公司治理，係指董事會各委員會與高階管理層透過法令遵循、風險管理與內稽內控，要能確保公司風險的有效管理，並達成公司治理的一致性。績效面的公司治理，重心不在法令遵循與內控，而是在公司價值的創造與資源的有效利用，這涉及公司策略管理層為達成總體經營目標，該如何採取冒險活動，這方面包括公司風險胃納的制定與策略規劃，同時需將風險管理融入所有不同管理層的決策中。

(二)OECD 公司治理原則

聯合國經濟合作暨發展組織 (Organization for Economic Cooperation and Development, OECD) 於 2004 年，頒布 OECD 公司治理的六大原則如後：

1. 確保有效率的公司治理基礎 (Ensuring the basis for an effective corporate governance) 原則；2. 股東權利與主要所有權功能 (The rights of shareholders and key ownership functions) 原則；3. 公平對待股東 (The equitable treatment of shareholders) 原則；4. 公司治理中利害關係人的角色 (The role of stakeholders in corporate governance) 原則；5. 資訊揭露與透明度 (Disclosure and transparency) 原則；6. 董事會的責任 (The responsibilities of the board) 原則。

所有權與經營權

股東們 (本人) ──授權──→ 經營管理層 (代理人)

(公司所有人) ↓

(經營者)

股價極大化 ←──目標衝突 ➡ 產生代理問題──→ 自我利益極大化

單軌制&雙軌制公司治理

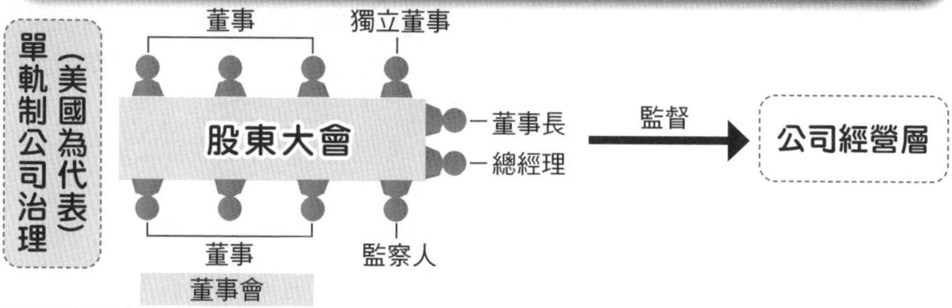

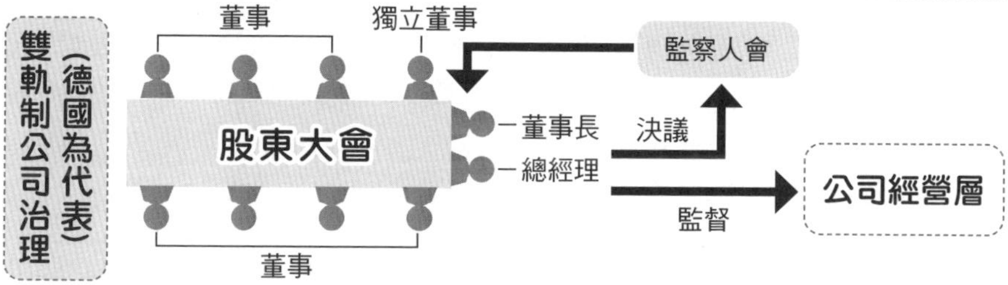

單軌制公司治理 (美國為代表)

董事　獨立董事

股東大會

董事　監察人

董事會

├ 董事長 ──監督──→ 公司經營層
└ 總經理

雙軌制公司治理 (德國為代表)

董事　獨立董事

股東大會

董事

├ 董事長 ──決議──→ 監察人會
└ 總經理 ──監督──→ 公司經營層

057

公司治理內涵

公司治理 ──→ 確保面 ──風險管理與內稽內控──→ 確保管理有效

──→ 績效面 ──績效指標與策略管理──→ 創造價值

動動腦

1. 寫出OECD公司治理六大原則？_____
2. 何謂公司治理？_____
3. 公司治理為何源自代理問題？_____
4. 雙軌制立法的國家為：
   （　）美國　（　）英國　（　）德國。
5. 臺灣公司治理的法制方式：
   （　）雙軌制　（　）單軌制。

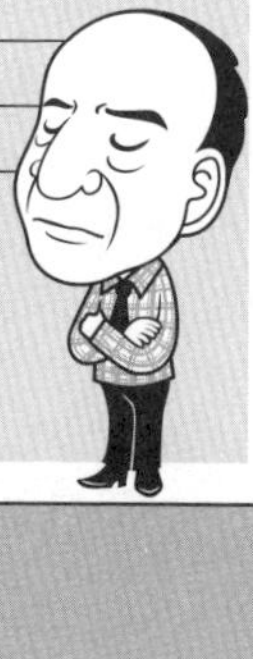

Unit 9-2
保險公司治理守則

(一)保險業公司治理

依據臺灣 2003 年「保險業公司治理實務守則」的規定，列示公司治理與風險管理的關係，該守則總共 7 章、66 條條文。7 章分別是：總則、保障股東權益、強化董事會職能、發揮監察人功能、尊重保戶及利害關係人權益、提升資訊透明度、附則。此處僅擇與風險管理最直接關聯的 4 條條文，陳述其要旨如後：

1.守則第 14 與 17 條規定的要旨，是保險業在處理與關係企業間的人員、資產與財務管理的權責應明確化，並建立防火牆，確實辦理風險評估。同時，並應與其關係企業就主要往來對象，妥適辦理綜合的風險評估，降低信用風險。

2.守則第 21 條規定的要旨，是保險業董事會整體應具備風險管理知識與能力、危機處理能力等相關知識與能力，並負風險管理最終責任。

3.守則第 29 條規定的要旨，是保險業宜優先設置風險管理委員會，且應擇一設置審計委員會或監察人。風險管理委員會主要職責有：(1)訂定風險管理政策及架構，將權責委派至相關單位；(2)訂定風險衡量標準；(3)管理公司整體風險限額及各單位之風險限額。保險業公司治理的整體精神，比一般上市上櫃公司的治理，更強調風險管理，這當然是因保險業為最重要的承擔風險行業，自然比其他行業，更該重視風險管理。

(二)公司治理評等

根據聯合國經濟合作與發展組織的公司治理指引原則，標準普爾 (Standard & Poor's, S&P) 發展出分析評估公司治理的架構，該分析架構包括兩大類：一類用於受評公司，另一類用於受評公司所在國家的環境。用於受評公司的評等項目，總計有四大項，每一大項再分成三小項。這四大項與每大項的三小項，分別是：

第一、公司所有權結構與外部影響，該項再細分為：1.所有權結構的透明度；2.所有權的集中程度與其影響；3.外部利害關係人的影響力。

第二、股東權利及其與利害關係人的關係，該項又細分為：1.股東會議與投票程序；2.所有權的權利與被接管的防衛機制；3.與非財務利害關係人的關係。

第三、透明度、揭露與稽核，該項再細分為：1.對外揭露的內容；2.對外揭露的時機與獲取；3.稽核過程。

第四、董事會結構與其效能，該項又細分為：1.董事會結構與獨立性；2.董事會的角色與其效能；3.董監事與高階主管的酬勞。

另一方面，用於受評公司所在國家的環境，也包括四大項，分別是：第一、市場環境；第二、法律環境；第三、監理環境；第四、資訊環境。

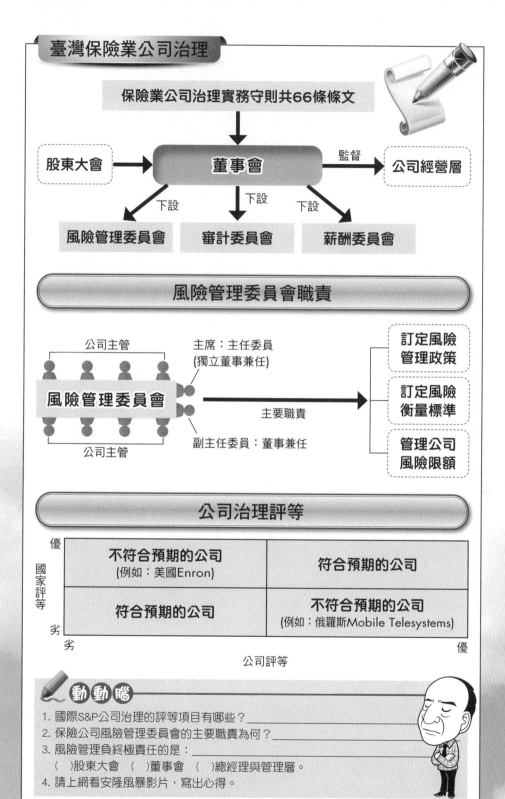

臺灣保險業公司治理

保險業公司治理實務守則共66條條文

股東大會 → 董事會 ──監督→ 公司經營層

下設 → 風險管理委員會
下設 → 審計委員會
下設 → 薪酬委員會

風險管理委員會職責

公司主管

風險管理委員會

公司主管

主席：主任委員
(獨立董事兼任)

主要職責

副主任委員：董事兼任

訂定風險管理政策

訂定風險衡量標準

管理公司風險限額

公司治理評等

	優		
國家評等		不符合預期的公司 (例如：美國Enron)	符合預期的公司
		符合預期的公司	不符合預期的公司 (例如：俄羅斯Mobile Telesystems)
	劣		

劣 ──── 公司評等 ──── 優

動動腦

1. 國際S&P公司治理的評等項目有哪些？＿＿＿＿＿＿＿＿＿＿
2. 保險公司風險管理委員會的主要職責為何？＿＿＿＿＿＿＿＿
3. 風險管理負終極責任的是：＿＿＿＿＿＿＿＿＿＿＿＿
   （　）股東大會　（　）董事會　（　）總經理與管理層。
4. 請上網看安隆風暴影片，寫出心得。

第 10 章
保險經營功能(一)
——保險行銷

章節體系架構 ▼

Unit **10-1**
保險經營的特質與經營原則

經營操作一家保險公司，跟一般公司很不一樣，光是要成立，不只要錢多，專業人員資格、未來營運計畫等，均要政府特許。顯然，保險經營有其特殊處。

(一)保險經營的特質

保險業是承擔風險、運用風險的事業，以提供風險的安全保障為本業，這自然很不同於一般生產事業與其他服務業。況且它與銀行及證券業也大不同，銀行及證券業以資金融資為本業，這與提供風險保障的保險業自然不能混淆。從風險管理的角度來說，銀行、證券業與保險業都是風險中介行業，但保險業風險結構有與眾不同的核保風險，這是銀行及證券業所完全沒有的風險。

從保險三大理論基礎 (參閱前述) 出發，綜合來說，保險經營的特質有六：第一、從大數法則與損失分攤理論基礎觀察，保險客戶間是互助關係，這與其他行業客戶間的關係大不同；第二、保險商品是反向定價 (Pricing Inversion)，這又與一般有形商品定價大不同；第三、保險行銷完成交易，是生產與銷售同時發生的，這也與一般商品是先有生產後才銷售不同，所以保險人的英文用語，除 Insurer、Underwriter 外，也可用 Producer；第四、依風險同質性理論基礎觀察，同一保險商品賣給不同的客戶，價格可以不同，這又與其他行業大不同；第五、保險業主要債務來自客戶繳交的保險費，此債務不只是提供經營資金，也是其業務活動的一部分，這點與一般企業很不同，因此，資本對保險業而言，不像一般企業，它不是主要資金的來源，資本只是經營風險重要的緩衝裝置而已；第六、從風險管理立場言，保險經營面對的核賠風險，是任何行業所沒有的。

(二)保險經營的原則

保險經營特殊，經營上需堅持如下原則：

1. 投資安全原則，尤其壽險業，安全要比獲利重要，蓋因投資資金絕大部分是顧客所繳的保險費。

2. 慎選風險原則，本業要獲利，承擔風險要留意。

3. 保費合理原則，保險費是事先估算的，是反向定價，更要由精算人員做科學合理的評估。所謂合理是足夠保險賠款，保戶可負擔。

4. 風險分散原則，不要承擔過於集中的風險，會損及經營安全。

5. 賠款適當原則，該賠與該支付多少，一切依法、依條款、依契約原則處理。

6. 多數同類風險原則。

經營特質

經營特質 ① ── 客戶間間接互助

例如：　　　　　死亡

互賠	參加保險	人壽保險	賠款 $
對方損失			

直接互助　　甲 乙 丙 丁　　　**間接互助**　　乙 丁

經營特質 ② ── 反向定價

一般商品：真正成本交易，時就知道

| 利潤 | 定 |
| 成本實際發生 | 價 |

成本發生後

保險商品 →：真正成本契約結束後才知道

| 附加保費 | 定 |
| 純保費 | 價 |

總保費／售價

成本發生前，定價在實際

經營特質 ③ ── 產銷同時

電視　販賣 → 家電市場銷售

生產完後　**先產後銷**

訂約時產銷同時完成

保險公司 ← → 客戶

產銷同時

經營特質 ④ ── 同一商品收費不同

買價相同　電視

同規格同廠牌　**一般商品**

買價不相同　保險單

20歲 60歲　完全條款相同

保險商品

經營特質 ⑤ ──債務也是業務活動的一部分

保險公司

賣一張保單（業務）　承擔責任（債務）

經營特質 ⑥ ── 核賠風險

火災風險　選擇風險低的業務　保險公司　火災發生 → 賠款 $

動動腦

1. 保險經營原則有哪些？＿＿＿＿＿＿＿＿
2. 保險的真正成本在：（　）訂約時就知道 （　）契約結束後才知道。
3. 什麼風險是保險業獨有的？（　）市場風險 （　）信用風險 （　）核賠風險。
4. 為何同一保險商品，不同的人有不同的買價？＿＿＿＿＿＿＿
5. 為何保險交易是產銷同時發生的？＿＿＿＿＿＿＿

Unit **10-2**
保險行銷人員與行銷管道

　　保險經營有五大功能，分別為行銷 (日語稱招攬)、核保、精算、理賠與再保險。本章首先說明保險行銷。嚴格區分，行銷與銷售有別，前者以買方需求為主，後者以賣方需求為重。保險行銷的標的是保險人無形的承諾，消費者能見到的是一張契約，不像有形商品能有試用期，但有契約審視期。由於是賣無形的承諾，也因此行銷保險商品與有形商品，行銷人員更需專業及耐心。消費者對保險的需求是馬斯洛需求理論第二層的安全需求，這不同於有形商品能滿足基本的生理需求，所以保險需求更要靠保險行銷人員主動去引發第二層的安全需求。

(一)保險行銷人員的類別與資格

　　保險行銷人員指的就是經由考試合格的保險業務員、保險經紀人與保險代理人。依據臺灣保險法，所稱保險業務員，指為保險業、保險經紀人公司、保險代理人公司，從事保險招攬之人 (保險法§8 之 1)。所稱保險經紀人，指基於被保險人之利益，洽訂保險契約或提供相關服務，而收取佣金或報酬之人 (保險法§9)。所稱保險代理人，指根據代理契約或授權書，向保險人收取費用，並代理經營業務之人 (保險法§8)。保險經紀人與保險代理人可以以個人名義從事保險業務的招攬，也可以組織公司的型態聘僱合格業務員從事保險業務的招攬。不論保險業務員、保險經紀人與保險代理人均應經考試合格。在臺灣保險業務員資格考試，是由產壽險公會舉辦，如果業務員需招攬傳統壽險與投資型壽險，則需通過兩種不同的資格考試，方可從事兩種不同保險業務的招攬，如只通過一種資格考試，也只能從事一種保險業務的招攬。產險業務員則無如此的區分。至於，保險經紀人與保險代理人資格考試，一律均需參加考試院的國家專門職業人員考試及格，始可從事保險業務的招攬。不論保險業務員、保險經紀人與保險代理人，均有其相對應的管理規則，其中保險經紀人與保險代理人的管理規則，進一步請參閱後面單元。

(二)保險行銷管道

　　臺灣保險行銷管道，分成直接行銷與間接行銷兩大管道。直接行銷管道指的是保險公司聘僱的業務員體系，在行銷方式上有：1.業務員直接銷售方式；2.直效行銷方式。直效行銷是指用各種非人員接觸的工具，透過多重管道，如信件、電話、網路等，提高「通路」的靈活與變化度，直接將產品的資料向顧客傳達。間接行銷管道指的是保經代體系，又分傳統保經代管道、銀行保險 (Bancassurance) 管道與異業結盟管道。銀行保險與異業結盟管道，在 2002 年 11 月 1 日「金融控股公司法」通過後，更為盛行。壽險商品由於金融色彩濃厚，銀行保險通路市占率幾乎是獨占鰲頭。

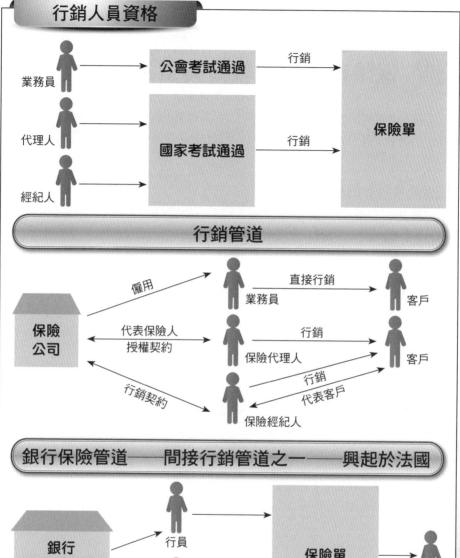

行銷人員資格

業務員 → 公會考試通過 → 行銷 → 保險單

代理人 → 國家考試通過 → 行銷 → 保險單

經紀人 →

行銷管道

保險公司 —僱用→ 業務員 —直接行銷→ 客戶

保險公司 ←代表保險人 授權契約→ 保險代理人 —行銷→ 客戶

保險公司 ←行銷契約→ 保險經紀人 —行銷、代表客戶→ 客戶

銀行保險管道——間接行銷管道之一——興起於法國

銀行 (保險理財部) → 行員 → 保險單 → 客戶

銀行 (保險理財部) → 銀行保經代

動動腦

1. 何謂業務員？保險代理人？保險經紀人？＿＿＿＿＿＿＿＿

2. 基於被保險人利益的是：（　）業務員（　）保險代理人（　）保險經紀人。

3. 銀行保險行銷是：（　）直接銷售（　）間接銷售。

4. 需要考兩種業務員證照的是：（　）壽險（　）產險。

5. 代表保險人的是：（　）保險代理人（　）保險經紀人。

Unit 10-3
保險業務員的教育與職責

不論是直接或間接行銷，業務員可說是保險行銷人員的骨幹，因此其教育與職責需進一步說明。保險是特殊交易行為，業務員行銷更需具備較為深厚的保險專業知識與訓練，其職責也有與眾不同之處。

(一)保險業務員的教育

業務員教育訓練可分職前與在職教育訓練，這均需具有持續性。不論產壽險業務員的教育訓練，其內容均應集中四大要素，那就是 KASH。

1.英文字母 K 就是 Knowledge (知識)，除保險專業知識外，心理學知識更需具備，蓋因業務員接觸的就是廣泛的形形色色人群。

2.英文字母 A 就是 Attitude (態度)，有人說態度決定高度，業務績效的好壞，事實上決定於業務員的工作態度，態度與人員個性、價值、信念均有關，因此業務員需慎選。

3.英文字母 S 就是 Skill (行銷與溝通技巧)，前面說過保險需求是人們第二層的需求，商品又是無形的承諾，因此行銷技巧、溝通技巧，必須更為靈巧、更為藝術化，銷售話術是重要技巧，但需留意均以最大誠信為本。

4.英文字母 H 就是 Habit (工作習慣或習性)，具備持續良好的工作習慣，也是業務績效好壞的重要因素，壞的工作習慣唯有靠教育訓練矯正。

(二)保險業務員的職責

不論產壽險業務員主要的職責，有三大項：
第一、發掘新客戶。
第二、保全舊客戶。
第三、售後服務。

保險需求是第二層需求，保險業務員比其他行業業務員更要主動積極發掘新客戶，站在客戶需求立場，幫客戶做財富管理規劃是重要的行銷工具。財富管理包括現金管理、風險管理與投資管理。其次，保全舊客戶，即防止保單停效。不論產壽險保單，只要客戶確實有投保的需求、保單也確實能滿足需求與客戶的確能負擔保費，那麼保單停效的可能性低。

實際上，保險業務員可觀察幾項因素，預測保單停效的可能性，例如：收入多寡、職業別、年齡 (尤其壽險客戶) 與繳費情況等。最後，售後服務包括很多工作，例如：產險出險的理賠服務、壽險申請保單貸款服務、壽險受益人變更、產壽險保單變更等。

業務員教育訓練四要素

K 專業知識

A 工作態度

S 講求技巧

H 工作習慣

業務員職責

職責 ① ➡ 尋找客戶 ➡ 保戶

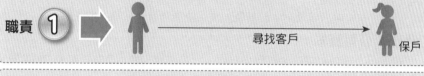

職責 ② ➡ 保全客戶 ➡ 保戶

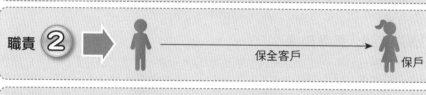

職責 ③ ➡ 售後服務 保戶 ➡ 跑腿交保費 ➡ 為其慶生 ➡ 關心客戶保險需求等

 **動動腦**

1. 業務員教育訓練要素有哪些？＿＿＿＿＿＿＿＿＿＿＿＿＿＿＿＿
2. 業務員職責有哪些？＿＿＿＿＿＿＿＿＿＿＿＿＿＿＿＿＿＿＿＿
3. KASH的H 是什麼？
   （　）工作習慣　（　）知識　（　）態度。
4. 業務員的知識學習，除了保險專業知識外，想一想，可以另外學習何種知識？

Unit 10-4
保險代理人

　　保險代理人資格可經由考試院的國家考試取得，這不同於保險業務員的考試。取得保險代理人資格者，得以個人名義或受代理人公司任用於取得執業證照後執行業務。代理人公司應任用代理人至少一人擔任簽署工作，向主管機關辦理許可登記。依前項規定辦理許可登記後，應依法向公司登記主管機關辦理登記。每一代理人不得同時為二家以上公司擔任簽署工作。(可參閱保代管§7)

(一)保險代理人資格

　　代理人應具備下列資格之一：1.經專門職業及技術人員保險代理人考試及格者；2.前應經主管機關舉辦之代理人資格測驗合格者；3.曾領有代理人執業證照並執業有案者。具備前項第三款資格者，以執行同類業務為限。(可參閱保代管§5)

(二)代理人公司之總經理

　　總經理可說是公司靈魂人物，負責全公司經營。其職責性質，在保險代理人管理規則中的第10條有詳細嚴格的規定。例如：規定公司中，不得有其他職責與其相當之人，總經理不得兼任其他代理人公司或保險經紀人公司之董事長、總經理。至於資格條件，第10條也有詳細規定，舉其一者，例如：須具備國內外專科以上學校畢業或具有同等學歷，並具保險公司、保險合作社、保險經紀人公司、保險代理人公司或保險公證人公司工作經驗五年以上，且具備同類保險業務員或代理人或保險經紀人資格。

(三)代理人公司資本

　　代理人公司申請經營保險代理業務者，其最低實收資本額為新臺幣500萬元。發起人及股東之出資以現金為限。(可參閱保代管§14)

(四)保險代理人教育訓練

　　教育訓練分為職前教育訓練與在職教育訓練。個人執業代理人或代理人公司任用之代理人，應於申請執行業務前一定期間內參加職前教育訓練達一定時數並經測驗合格與執業證照有效期內參加在職教育訓練每年平均達一定時數以上，其中法令課程有最少時數的規定。(可參閱保代管§24，§25)

(五)保險代理合約之內容

　　至少應包括下列項目：1.雙方當事人名稱；2.代理期限；3. 代理權限範圍；4. 佣酬支付標準；5.佣酬支付方式；6.法令遵循；7.禁止行為；8.防範利益衝突；9.違約責任；10.爭議處理；11.合約終止；12.往來金融機構帳戶；13.其他主管機關規定事項。(可參閱保代管§29) 此外，保險代理人申請同時代理財產保險及人身保險業務，需額外審核且其業務範圍以保險招攬業務為限。資本額3,000萬者，才能申請銀行保險業務。

(六)法令遵循

　　代理人公司應擬具法令遵循手冊，並置法令遵循人員，負責法令遵循制度之規劃、管理及執行，並定期向董事會與監察人或全體股東報告。(可參閱保代管§42)。

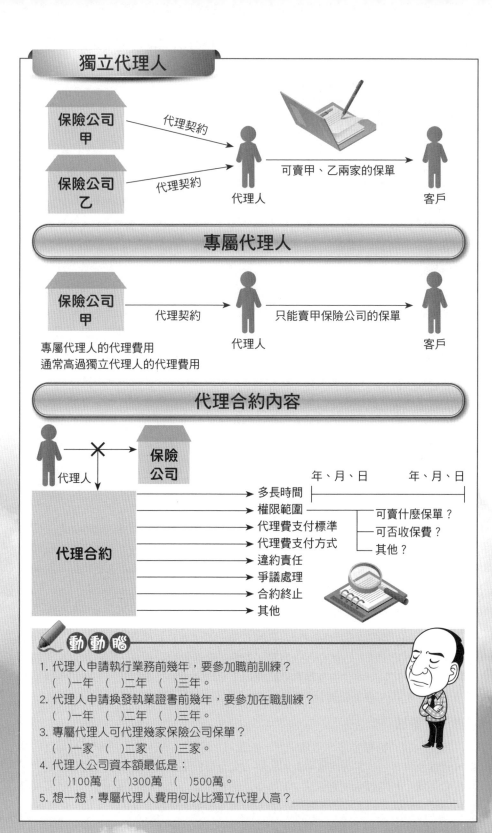

獨立代理人

保險公司甲 ──代理契約──→ 代理人 ──可賣甲、乙兩家的保單──→ 客戶

保險公司乙 ──代理契約──→

專屬代理人

保險公司甲 ──代理契約──→ 代理人 ──只能賣甲保險公司的保單──→ 客戶

專屬代理人的代理費用
通常高過獨立代理人的代理費用

代理合約內容

代理人 ✕ → 保險公司

年、月、日　　　年、月、日

代理合約
→ 多長時間
→ 權限範圍 ─┬ 可賣什麼保單？
　　　　　　├ 可否收保費？
　　　　　　└ 其他？
→ 代理費支付標準
→ 代理費支付方式
→ 違約責任
→ 爭議處理
→ 合約終止
→ 其他

動動腦

1. 代理人申請執行業務前幾年，要參加職前訓練？
（ ）一年 （ ）二年 （ ）三年。
2. 代理人申請換發執業證書前幾年，要參加在職訓練？
（ ）一年 （ ）二年 （ ）三年。
3. 專屬代理人可代理幾家保險公司保單？
（ ）一家 （ ）二家 （ ）三家。
4. 代理人公司資本額最低是：
（ ）100萬 （ ）300萬 （ ）500萬。
5. 想一想，專屬代理人費用何以比獨立代理人高？＿＿＿＿＿＿＿＿＿

Unit 10-5
保險經紀人

保險經紀人同樣可經由國家考試取得資格，取得資格者，得以個人名義或受經紀人公司任用於取得執業證照後執行業務。經紀人公司應任用經紀人至少一人擔任簽署工作，向主管機關辦理許可登記。依前項規定辦理許可登記後，應依法向公司登記主管機關辦理登記。每一經紀人不得同時為二家以上公司擔任簽署工作。(可參閱保經管§7)

(一)保險經紀人資格

經紀人應具備下列資格之一：1.經專門職業及技術人員保險經紀人考試及格者；2.前曾應主管機關舉辦之經紀人資格測驗合格者；3.曾領有經紀人執業證照並執業有案者。具備前項第三款資格者，以執行同類業務為限。(可參閱保經管§5)

(二)經紀人公司總經理

總經理可說是公司靈魂人物，負責全公司經營。其職責性質，在保險經紀人管理規則中的第10條有詳細嚴格的規定。例如：規定公司中，不得有其他職責與其相當之人，總經理不得兼任其他經紀人公司或保險代理人公司之董事長、總經理。至於資格條件，第10條也有詳細規定，舉其一者，例如：須具備國內外專科以上學校畢業或具有同等學歷，並具保險公司、保險合作社、保險經紀人公司、保險代理人公司或保險公證人公司工作經驗五年以上，且具備同類保險業務員或代理人或保險經紀人資格。

(三)經紀人公司資本

經紀人公司申請經營保險經紀人業務者，最低實收資本額為新臺幣500萬元；申請經營再保險經紀業務者，最低實收資本額為新臺幣1,000萬元；申請同時經營保險經紀人及再保險經紀業務者，最低實收資本額為新臺幣1,000萬元。發起人及股東之出資以現金為限。(可參閱保經管§14)

(四)保險經紀人教育訓練

教育訓練分為職前教育訓練與在職教育訓練。個人執業經紀人或經紀人公司任用之經紀人，應於申請執行業務前一定期間內參加職前教育訓練達一定時數並經測驗合格與執業證照有效期內參加在職教育訓練每年平均達一定時數以上，其中法令課程有最少時數的規定(可參閱保經管§25，§26)。

(五)法令遵循

經紀人公司應擬具法令遵循手冊，並置法令遵循人員，負責法令遵循制度之規劃、管理及執行，並定期向董事會與監察人或全體股東報告。前項法令遵循手冊與代理人公司同，其內容至少應包括：1.各項業務應採行之法令遵循程序；2.各項業務應遵循之法令規章；3.違反法令規章之處理程序。(可參閱保經管§43)

保險經紀人

 基於被保險人利益

支付佣金

與保險人訂約

保險公司

要保人/被保險人　　　　經紀人

經紀公司法令遵循手冊 (代理公司相同)

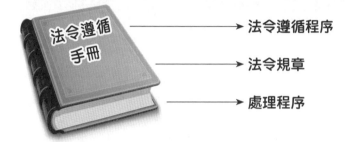

法令遵循程序

→ 法令規章

→ 處理程序

訓　練

① 申請執行業務前
（職前訓練）

② 申請換發執業證書前
（在職訓練）

動動腦

1. 經紀公司同時經營保險與再保險經紀業務，資本額要：
　　（　）300萬　（　）600萬　（　）1,000萬。
2. 經紀人申請執行業務前幾年，要接受教育訓練：
　　（　）一年　（　）二年　（　）三年。
3. 經紀公司與代理公司法令遵循人員，定期向誰報告？
　　（　）總經理　（　）董事會與監察人　（　）副總經理。
4. 經紀公司跟誰收取佣金？
　　（　）要保人　（　）保險人　（　）被保險人。
5. 經紀公司可賣幾家公司的保單？
　　（　）只能賣一家　（　）可好幾家。

Unit 10-6
保險消費者(一)──投保的成本與效益

(一)投保成本

購買保險需付代價，此代價就是保險費 (Premium)，所以投保的成本，就是保險費，但要留意這項成本表面上，是總保險費 (Gross Premium)。實際上，真正的投保成本是附加保險費，蓋因，純保費是支付可能的損失，即使不購買保險，這部分成本都會存在，所以才說真正的投保成本是附加保險費。

(二)投保效益

至於投保的效益，當然就是風險轉嫁降低了風險，而在保險事故發生後，獲得保險人的賠款與安全保障。由於購買保險，就保險人而言是風險的組合，所以個別投保人購買保險後，如保險人只收純保費，那麼，其各自面臨的預期損失不變，但經由保險人將風險組合後，非預期損失 (通常指標準差) 則會減少。但實際上，保險人不可能只收純保費，還必須再收附加保險費，因而個別投保人購買保險後，其各自面臨的預期損失會增加，但經由保險人將風險組合後，非預期損失 (通常指標準差) 仍會減少。

(三)保險的優點與缺點

一般來說，依投保的觀點，風險可分四大區塊，那就是風險高到不能投保區、保險費太貴不宜投保區、適合投保的風險區 (屬於頻率低且幅度高的風險) 與無需投保的風險區。此外，需留意投保也可能存在基差風險* (Basis Risk)，這些基差風險可以其他風險理財措施因應，例如：風險承擔。同時投保時，要留意保險的優點與缺點。

在優點方面，包括：

1. 前提及，保險可降低非預期損失，也就是可分散風險。
2. 風險計量，較為精確。
3. 風險諮詢與服務品質較佳。
4. 極度容易進入再保險市場。

另一方面，投保也有缺點，包括。

1. 承保範圍，可能不足。
2. 極為重大損失，傳統商品無法提供保障。
3. 損失處理，可能遲緩。
4. 保費波動大時，預算難編。

---

* 基差風險有不同定義。就保險而言，是保險契約與曝險部位，無法完全配適的基差風險；也有指兩種價格相關性發生變化時，所造成的相關性風險 (Correlation Risk)，在此，是指前者。

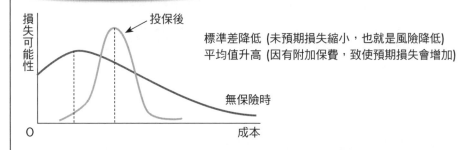

投保成本與效益

損失可能性

投保後

標準差降低 (未預期損失縮小，也就是風險降低)
平均值升高 (因有附加保費，致使預期損失會增加)

無保險時

O　　　　　　　　　　成本

投保適合區

	低　　　　　　頻率　　　　　　高	
大	適合投保區	不能投保區
幅度		
小	無須投保區	貴到不宜投保區

投保成本另類觀點

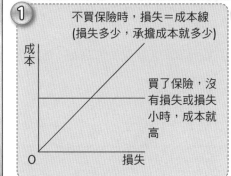

① 不買保險時，損失＝成本線
(損失多少，承擔成本就多少)

成本

買了保險，沒
有損失或損失
小時，成本就
高

O　　　　損失

② 買保險的機會成本
$I=P(1+r)^t$
P＝保費　r＝報酬率　t＝期間
不買保險的機會成本
$R=(L+S+X)(1+r)^t-X(1+i)^t$
L＝損失　S＝行政費用　X＝自保基金
r＝報酬率　t＝期間　i＝利率
可能　I＞R　不買保險划得來
　　　I＜R　買保險才划得來

 動動腦

1. 買保險，任何損失保險人都會理賠？ (　)對 (　)錯。
2. 投保人支付保費時，真正的代價是： (　)附加保費 (　)純保費。
3. 任何風險投保均划算？ (　)對 (　)錯。
4. 買保險可能的優點、缺點有哪些？＿＿＿＿＿＿＿＿＿＿＿＿
5. 買保險的機會成本是什麼？＿＿＿＿＿＿＿＿＿＿＿＿＿＿

Unit 10-7
保險消費者(二)──投保原則

圖解保險學

(一)保險理財決策的基本考量

消費者在決定購買保險與否時，需考慮三個基本因素：

第一個因素，是保險費率。

第二個因素，是對風險的承受力。

第三個因素，是機會成本。

(二)保險規劃的基本準則

1.彈性運用準則

了解保險市場、風險控制與另類風險理財(ART)，應適時與保險彈性搭配。

2.分層負責準則

在彌補損失資金來源方面，保險、衍生品與另類風險理財，應分層負責。在風險值較高的一層，發生機會較低，保險與衍生品，通常負責該層。

3.適切險種準則

能滿足需求條件的保單，即為適切的保單。

4.保險需求分層準則

保險的需求層次，可依法令與契約的要求，做如下的劃分：

第一個層次，是非買不可的層次。

第二個層次，是必須買的層次。

第三個層次，是也許需要買的層次。

5.信譽良好準則

保險是最高誠信的事業，選擇信譽良好的保險公司或保險輔助人，是極其重要的。

6.保單條款準則

保單條款如能磋商時，該注意的原則。

074

小博士解說

投保與財富管理

財富管理包括風險管理、現金管理與投資管理，顯然，投保是財富管理的一部分。國外財富管理業務區分為：一般理財、貴賓理財與私人銀行。一般理財門檻約10萬美元以內，貴賓理財門檻約10萬美元至100萬美元間，私人銀行門檻約100萬美元以上。臺灣的財富管理已有二十多年歷史，2005-2006年發生卡債風暴後，本土銀行開始重視財富管理，且快速發展，成為銀行金雞母。

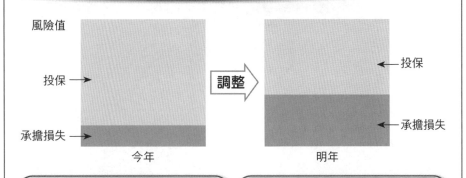

彈性原則——每年檢視，視情況調整

風險值

投保 →

承擔損失 →

調整

今年

← 投保

← 承擔損失

明年

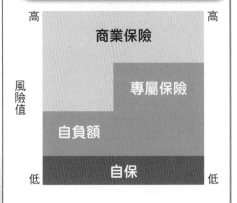

分層原則

高　　　　　　　高

商業保險

專屬保險

風險值

自負額

自保

低　　　　　　　低

保險需求

保險需求分類

可買、可不買

**必須要買
(合理分析後)**

非買不可 (法令要求)

個人投保保額的決定

1.壽險保額約年薪10倍
2.產險保額依財產價值

選擇保險公司

評等C⁻
財務差
清償能力弱

保險
公司

? ? ?

保險
公司

善盡社會責任
形象好、信用好
評等A⁺⁺
財務優
清償能力強

1. 買保險基本要考慮的因素為何？＿＿＿＿＿＿＿＿＿＿＿＿＿
2. 買保險需注意哪些原則？＿＿＿＿＿＿＿＿＿＿＿＿＿＿＿
3. 壽險死亡保額，依經驗約可投保年薪的幾倍較適合？
　　(　)5 倍　(　)10 倍　(　)20 倍。
4. 投保是屬於財富管理的哪個部分？
　　(　)現金管理　(　)風險管理　(　)投資管理　或　(　)其他，理由何在？＿＿＿
5. 想一想，如何選擇保險公司？＿＿＿＿＿＿＿＿＿＿＿＿＿＿

第 **11** 章

保險經營功能(二)
——保險精算

● 章節體系架構

Unit **11-1**
保險費基本結構

　　前面提及,保險商品的定價是反向定價,保險商品的價格就稱為保險費。保險費基本的構成,也是與一般商品價格相同,那就是大家熟悉的成本外加利潤,但細分來看,保險費則與眾不同。

(一)保險費的基本成分

　　保險費的基本構成還是成本加利潤,問題是保險成本是事先預估的成本;換言之,保險契約訂立當時,保險人這一方完全無法知道實際上會發生多少成本,只能靠精算人員的專業估計,這也就是前面提及的反向定價。這點與一般商品在銷售當時,就很清楚商品實際上發生了多少成本,有很大的不同。保險人這一方只有在契約到期時,才能清楚知道實際發生成本有多少。至於利潤部分,只要是商業保險商品,就必然存在利潤,這點與一般商品一樣,也都是競爭定價策略問題,只是對保險商品定價,政府監督的程度較嚴格。

　　其次,進一步細分,保險商品成本包括預估的賠款成本與經營費用。預估的賠款成本在保險領域,稱為純保險費 (Pure Premium),而經營費用加利潤,則稱為附加保險費 (Loading Premium)。純保險費外加附加保險費,統稱為總保險費。

　　更進一步說明,壽險純保費由於受到長期契約性質的影響,利率變動對其賠款成本甚為敏感,因此壽險純保費的估計必須考慮利率因素;換言之,壽險投資盈虧 (投資資金主要就是客戶所交的保費) 對賠款成本影響甚大。至於產險純保費由於大部分是一年短期契約,因此產險純保費的估算,很少考慮利率因素,除非少數長期產險商品。最後,產壽險附加保險費中的經營費用,雖然產壽險費用細目各不同,但大體上不外乎包括行銷人員佣金與其他行政管理費用等。

(二)費率與保險費

　　費率是指一保險單位或稱曝露單位的價格,保險費則是費率乘以保險單位數。然而不同的險種,保險單位或稱曝露單位不會相同。例如:汽車責任保險採用一輛汽車當保險單位或稱曝露單位,人壽保險則採多少金錢的保險金額 (例如:10 萬臺幣) 當保險單位。其次,費率計算的方式,每一險種也不盡相同,考慮的因素也不同。最後,不論何種保險,都秉持收支相等原則為總體計算的原則。

(三)制定保險費率的原則

　　制定保險費率的基本原則,可分法定監理原則與市場性原則。法定監理原則有充分原則、適當原則與公平原則,市場性原則包括穩定原則、彈性原則、損失預防誘導性原則、競爭原則、簡明原則與一致原則。

費率與保險單位

一個保險單位價格＝費率

汽車＝一個保險單位

10萬

| 汽車保險 | 人壽保險 |

保費結構

保險費

附加保費 → 利潤
服務費
行銷人員佣金
其他理賠費用

純保費 → 支付賠款

費率訂定原則

制定原則

法定監理原則
- 充分 —— 夠賠
- 適當 —— 合理，不多不少
- 公平 —— 同類風險收費相同

市場性原則
- 穩定
- 彈性
- 損失預防
- 競爭
- 簡明
- 一致

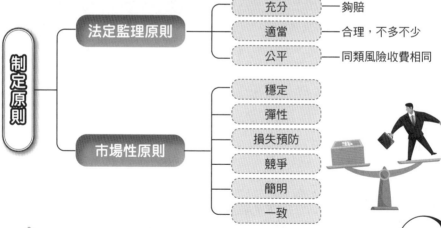

動動腦

1. 費率訂定原則有哪些？_____
2. 保險單位的價格是：（　）費率（　）保費。
3. 附加保費支應賠款：（　）對（　）錯。
4. 純保費支應經營費用：（　）對（　）錯。

Unit 11-2
壽險生命表與費率

　　產壽險保險費的計算，均依據收支相等原則估算。壽險純保費則依據生命表估算未來之賠款，然後依利率折算現值而得；產險純保費則依據損失經驗，記錄估算未來之賠款。

(一)壽險生命表

　　每個國家都會編制該國國民生命表，作為人口政策的參考。臺灣就由內政部編制，這種生命表叫普通生命表，以全體國民為對象。此外，壽險業為了計算費率，也會編制生命表，這種生命表是以全體被保險人的死亡經驗記錄編制而成，故稱為經驗生命表。由於被保險人均已經過保險公司的選擇核保過程，通常同年齡層的死亡率在經驗生命表中會低於普通生命表，這種現象稱為選擇效果。壽險用的經驗生命表，依選擇程度的不同又可分為選擇生命表、終極生命表與綜合生命表。選擇生命表考慮年齡與保險經過年數製成、終極生命表則依選擇效果消失後的死亡率製成、綜合生命表則以全體被保險人的經驗製成，通常綜合生命表的死亡率介於選擇生命表與終極生命表之間。

(二)壽險保險費

　　以最簡單的例子，說明壽險純保費計算的基本想法。假設 1,000 位 20 歲的年輕人，投保一年定期死亡保險保額 1,000 元，每位該繳多少純保費？同時也假設一年市場利率為 6%，再假設被保險人死亡均發生在年末。解題很簡單，查生命表假設有 5 位被保險人死亡，那麼年末保險公司預估要賠 5,000 元。依收支相等原則，列示如下：

$1,000 \times A = 5,000/(1+6\%)^{1}$

$A = 4.72$

　　也就是每位投保人繳純保費 4.72 元即可，再進一步考慮附加保險費，就是要繳的總保險費。

　　從以上簡單的計算中，很清楚知道，壽險純保費基本上只考慮死亡率與利率兩項因素而得，如果外加考慮費用率，則可得出總保險費率。

小博士解說　往年重要生命表

1. 1958 CSO 表，普通壽險用。
2. 1906 CSI 表，簡易壽險用。
3. 1960 CSG 表，團體死亡用。
4. a-1949 表，個人年金用。
5. Ga-1951 表，團體年金用。
6. 1971 GAM 表，團體年金用。

圖解保險學

生命表的想法

20歲年輕群

60歲老人群

年死亡人數

| 1個人 | 4個人 |

死亡率

| 1/6＝0.16 | 4/6＝0.66 |

死亡表

年齡	死亡率
20	0.16
⋮	⋮
60	0.66

081

壽險保費三要素

三要素

死亡率 ➡ 死亡	高、保費高
利率 ➡ 利率波動	高、保費低
費用率 ➡ 經營費用 保險公司	高、保費高

動動腦

1. 其他情況不變，死亡率愈高、保費愈低：
   （　）對　（　）錯。
2. 其他情況不變，利率高、保費低：
   （　）對　（　）錯。
3. 其他情況不變，費用率高、保費低：
   （　）對　（　）錯。
4. 簡單舉例說明計算壽險純保費。＿＿＿＿＿＿＿＿＿
5. 生命表有幾種類別？＿＿＿＿＿＿＿＿＿＿＿＿＿＿

Unit 11-3
財產保險費率

產險保險標的是財產，與以人命為標的的壽險自然不相同，費率計算考慮因素也就不同。產險費率釐定方法，包括：1.觀察法；2.分類法；3.增減法。

(一)觀察法

觀察法就是主觀判斷法，這是核保人員依其主觀經驗，就個別風險的特質，判斷其應適用費率的方法，此法非以統計科學為基礎。此法的優點是簡單、彈性大，缺點是不夠科學、不夠客觀。

(二)分類法

分類法是一種以群體為主的費率方法，這是將同質性風險歸類，就同類中的平均損失經驗，計算平均費率的一種方式，同類風險就適用相同費率。此法又細分為純保費法與損失率法兩種。

純保費法是將同類風險中的平均損失頻率與平均損失幅度相乘而得。

1.平均損失頻率就是損失發生次數除以風險曝露單位數。

2.平均損失幅度則是損失總金額除以損失發生次數。

3.純保費＝損失總金額/風險曝露單位數。

損失率法係比較實際損失率與預期損失率後，決定費率調整的一種方式。

1.費率調整係數＝實際損失率/預期損失率。比例若高於一，調高費率；反之，調降費率。2.另一費率調整係數＝信賴度×[(實際損失率－預期損失率)/預期損失率]。若是大於零，調高費率；反之，調降費率。

082

(三)增減法

增減法是觀察法與分類法的混合方法，但以分類法為基礎，再觀察個別風險的損失經驗好壞，調整費率的一種方式。此法又細分如下：

1.表定費率法：表定費率＝分類費率＋/－現在的損失經驗。簡單來說，就是以現時經驗的好壞，透過增減調整下期費率的一種方式。

2.經驗費率法：經驗費率＝分類費率＋/－過去的損失經驗。簡單來說，就是以過去經驗的好壞，透過增減調整下期費率的一種方式。

3.追溯費率法：追溯費率＝分類費率＋/－未來的損失經驗。簡單來說，就是以下期經驗的好壞，透過增減調整下期費率的一種方式。

小博士解說　柯媽媽與強制汽車責任保險法

在臺灣，對汽車責任保險最有貢獻的偉大媽媽，當屬柯媽媽，其愛兒因車禍致死，遂親手推動強制汽車責任保險法於1996年通過立法，嗣後，依法成立強制汽車責任保險費率審議委員會。

觀察法

眼睛 → 觀察
經驗 → 判斷

風險高低

分類法

**1,000棟
鋼筋水泥建物 (失火機會低)
費率低**

某期間：
損失發生次數/鋼筋水泥建物數＝平均頻率(低)
平均損失總金額/損失發生次數＝平均幅度(高)

純保費法
純保費＝平均頻率(低)×平均幅度(高)

**1,000棟
木造建物 (失火機會高)
費率高**

損失發生次數/木造建物數＝平均頻率(高)
平均損失總金額／損失發生次數＝平均幅度(低)
純保費＝平均頻率(高)×平均幅度(低)

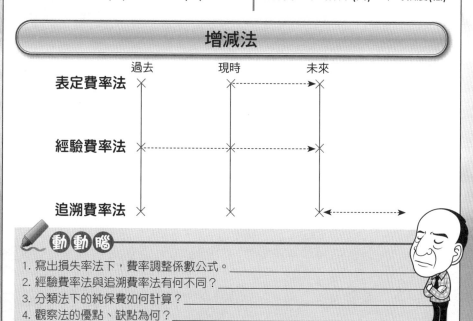

增減法

	過去	現時	未來
表定費率法	×	× ----→	×
經驗費率法	× -----	× -----	×
追溯費率法	×	×	× ----→

✏ **動動腦**

1. 寫出損失率法下，費率調整係數公式。＿＿＿＿＿＿＿＿＿＿
2. 經驗費率法與追溯費率法有何不同？＿＿＿＿＿＿＿＿＿＿
3. 分類法下的純保費如何計算？＿＿＿＿＿＿＿＿＿＿
4. 觀察法的優點、缺點為何？＿＿＿＿＿＿＿＿＿＿

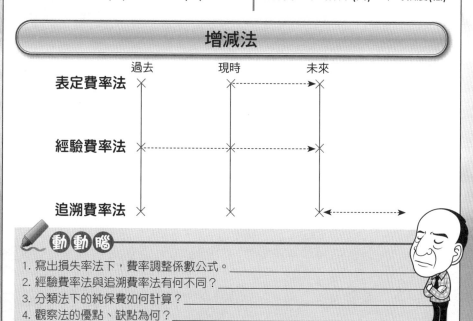

第 **12** 章

保險經營功能(三)
——保險核保

●●●●●●●●●●●●●●●●●●●●●●●● 章節體系架構

Unit **12-1**
核保的意義與功能

不論產壽險經營，重投資、輕核保，是偏差的認知，核保才是保險本業，強化核保才能實質上增進公司價值，財務投資不過是錦上添花。

(一)核保的意義

核保英文字是「Underwriting」，此字與倫敦勞伊茲 (Lloyds) 組織有深厚的淵源，前曾提及保險人英文又稱「Underwriter」，此足見保險本業就是核保。核保概念演變至今，有廣狹義之分。狹義的核保概念，即傳統以業務觀點出發的核保，也就是保險人只對要保人、被保險人與保險標的揀選的過程。廣義的核保概念，則以風險管理觀點為出發的核保，此為全方位核保概念。這種廣義的核保可定義為根據核保政策，鑑定與評估風險、選擇風險、適用費率及決定承保條件與範圍的過程，其中核保政策則考慮核保範圍與核保的限制，並經最高層級核准通過。核保範圍包括險種、區域與保單及費率。核保的限制則包括保險相關法規、公司承保能量、核保人員素質與人數，以及再保險的安排。

(二)核保的功能

為何要核保？換言之，核保能發揮什麼功能？對商業保險公司而言，核保基本上也就是想獲利。細分來說，核保是為了：

1.增強競爭力：設想保險公司完全不核保，會是怎樣？那就會造成保險人不樂見的劣幣驅逐良幣現象。因完全不做風險或業務好壞的選擇，條件費率相同的情況下，不良客戶不願退出，優質客戶認為不公平，最終客戶均是劣質客戶，保險賠款率提高，經營安全嚴重受到衝擊，結果是市場競爭力喪失殆盡。

2.適用適當費率：指的是透過核保人員的費率核定，可發揮費率公平性的功能。

3.完成風險的妥適分配：透過核保人員對保險標的物種類、型態、承保地區與危險事故等的分散，達成風險的有利分配，使預期賠款可控制在預估的費率結構中。

4.確保核保利潤：透過核保人員依公司核保政策，審慎選擇優質風險，獲得承保利潤，進而提升清償能力。

5.維護清償能力：優良高品質的核保，是維護清償能力的第一道防線。

6.履行社會責任：透過核保人員的核保，滿足社會大眾的保險需求，確保社會安全保障，完成保險業對社會應盡的責任。

小博士解說

英文字「Underwriter」的來源
早期勞伊茲個人保險商，在承諾承保時，通常會在Llyods Slip表單下方(Under)簽署(Writer)自己的姓名而得。

核保——風險選擇

好車
壞車

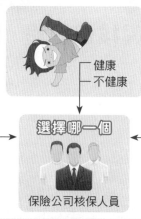

健康
不健康

有防火材料
沒有防火材料

選擇哪一個

保險公司核保人員

核保功能

1.增強競爭力

 只有健康者才可保 → 保險公司甲 → $ 賠得少

競爭力愈強

誰都可保 → 保險公司乙 → $ 賠得多

競爭力愈弱

2.適用適當費率

 好房子 → 收費低

壞房子 → 收費高

3.風險妥適分配

 保險公司 → 都保 → 西門町地區的房子

不妥適

保險公司 → 分散保 → 臺北松山

高雄三民區

妥適

4.上述三點做好，其他功能就能實現。

 (動動腦)

1. 說明在核保上，風險妥適分配的概念。＿＿＿＿＿＿＿＿＿
2. 核保為何可以增強競爭力？＿＿＿＿＿＿＿＿＿＿＿＿
3. 核保上，有哪些限制因素？＿＿＿＿＿＿＿＿＿＿＿＿
4. 核保為何是保險的本業？＿＿＿＿＿＿＿＿＿＿＿＿

Unit **12-2**
核保人員與核保過程

　　簡單來說，核保就是風險選擇的過程。此過程中負責選擇風險的人員，則是核保人員。

(一)核保過程

　　風險選擇過程，不論產壽險核保，首要在於蒐集資料與分析風險。其次，制定各種選擇方案，這包括接受要保、拒絕要保與附條件接受要保。根據公司核保標準，評估與選定方案並執行方案。最後，要進行監督與核保績效評估。核保過程中，根據不同險種要保書中的資料、內外部資料與要保人洽談的資料，進行風險的鑑定與分析，險種不同，考慮的因素也不同。以人壽保險、火災保險及汽車保險為例，說明如下：

　　1.人壽保險：人壽險是以死亡風險為考慮的險種，因此，核保首需考慮被保險人年齡。年齡與死亡率的關係是 U 形曲線關係；換言之，出生時死亡率極高，隨著年齡增長，死亡率開始下降，年紀愈大，死亡率又開始上揚。其次，要考慮身高、體重等因素，過胖與過瘦，均不是標準體，這類可能是次標準體；次標準體則可以削減保險金額等方式，有條件接受要保。其他職業、財務收入等因素，也應列入考慮。

　　2.火災保險：火險是以建築物風險為考慮的險種，因此，首需考慮建築物的等級，實務上依建材等因素，將建築物區分不同等級。其次，考慮建築物所在地、建築物使用性質等因素。

　　3.汽車保險：車險是以汽車風險為考慮的險種，因此，首需考慮從車因素中的汽車廠牌、汽缸量、車齡等因素。其次，考慮從人因素中的被保險人駕駛年齡與駕駛記錄等因素。

　　另一方面，核保過程也可區分成事前選擇與事後選擇。事前選擇就是對新契約的選擇，事後選擇就是對舊契約續約時的選擇。

(二)核保人員

　　產壽險核保人員，有所不同。

　　就產險而言，核保人員包括：

　　1.保險代理人或保險經紀人等外野核保人；2.產險公司業務員；3.查勘人員；4.產險公司最終決定核保的人員。

　　其次，就壽險而言，核保人員包括：

　　1.保險代理人或保險經紀人等外野核保人；2.壽險公司業務員；3.體檢醫師；4.生存調查員；5.壽險公司最終決定核保的人員。

　　此外，相關的核保服務機構，例如：風險管理顧問公司等，亦可幫助核保人員完成決策。

產險核保

廠牌

汽缸量

車齡

駕駛人等因素

第一關 核保人	第二關 核保人	第三關 核保人

外野核保人　業務員	查勘人員	決定者

不同的財產，核保考慮的因素不同

→ 建材？

→ 位置？

→ 用途？

防火？
不防火？

壽險核保

年齡？

身高？

體重？

生活習慣？

病歷？等

標準體

次標準體

拒保體

第一關 核保人	第二關 核保人	第三關 核保人	第四關 核保人
外野核保人　業務員	體檢醫生	生存調查員	決定者

 動動腦

1. 火災保險核保時，考慮哪些因素？為什麼？＿＿＿＿＿＿＿＿
2. 人壽保險核保時，考慮哪些因素？為什麼？＿＿＿＿＿＿＿＿
3. 汽車保險核保時，考慮哪些因素？為什麼？＿＿＿＿＿＿＿＿
4. 為何年齡與死亡率呈現U型關係？＿＿＿＿＿＿＿＿＿＿＿＿
5. 產壽險核保人員各有哪些？＿＿＿＿＿＿＿＿＿＿＿＿＿＿＿

089

第 13 章

保險經營功能(四)
——保險理賠

• 章節體系架構 ▼

Unit 13-1
理賠人員與原則

　　保險保障功能從訂約就開始,但保戶實質的感受卻從理賠開始,故有人說:「保險就是理賠」,顯然,保險理賠是重中之重。保險理賠功能與保險契約四大基本原則均有關係,尤其損失補償原則與主力近因原則。其次,就定額性的壽險而言,賠償金額的計算簡單,但對補償性質的保險契約而言,賠償金額的計算太過複雜,尤其是國際險種的海上保險與航空保險等。由於補償性的保險理賠過於複雜,相關性的專業人員與團體較壽險為多,以下無特別說明時,均屬補償保險的理賠。

(一)保險理賠人員

　　保險理賠人員對產險而言,或稱為損失理算人 (Loss Adjusters),或臺灣稱為保險公證人。廣義的理賠人員可分為四種:

　　第一、保險人的理算職員 (Staff Adjusters),此種理算人不論產壽險都有,由保險公司支薪的職員。

　　第二、獨立理算師 (Independent Adjusters),此種理算人通常屬於產險領域,也就是保險公證人,是收取服務費、獨立營業的理算人員,係代表保險人的立場與被保險人進行損失理賠工作。它可以個人名義單獨營業,亦可以合組公司共同營業。例如:美國的獨立理算公司──GAB 公司 (General Adjustment Bureau, Inc.)即是。獨立理算師的全國性組織,為全國獨立理算師協會 (National Association of Independent Insurance Adjusters, NAIIA)。

　　第三、損失理算局 (Adjustment Bureaus),它為地位超然的損失理算機構。

　　第四、公共理算師 (Public Adjusters),亦通常屬於產險領域,也是保險公證人,此種理算人亦為收取服務費、獨立營業的理算人員。它與獨立理算師不同,它是代表被保險人的立場與保險人進行損失索賠處理工作。美國全國性的組織團體,為全美公共理算師協會 (National Association of Public Insurance Adjusters, NAPIA)。

(二)保險理賠原則

　　保險理賠原則,包括迅速與公平兩項原則。

小博士解說

保險申訴與理賠

2002年臺灣的保險事業發展中心成立保險申訴調處委員會,負責產壽險因理賠糾紛產生的申訴,進行調處。歷年來,以壽險申訴案件居多。調處結果通常分為依申訴人意見辦理、依保險公司意見辦理、和解與不受理及其他等四種結果。

火災現場

 → 到現場查勘 ← 產險公司

人員傷亡

檢警人員　法醫鑑定人員 ← 壽險公司

理賠人員

保險公司 ← 提出索賠 ── 被保險人/受益人

代表保險人

保險公司

獨立理算師

保險公證公司 ── 公共理算師 代表被保險人 → 被保險人

損失理算局

保險公證公司

動動腦

1. 公共理算師代表：
   （ ）保險人　（ ）被保險人。
2. 獨立理算師代表：
   （ ）保險人　（ ）被保險人。
3. 寫出理賠原則有哪些？_____
4. 為何有人說保險就是理賠？_____

Unit 13-2
保險公證人

　　保險公證人主要負責產險理賠，與經紀人、代理人同樣可經由國家考試取得資格，取得資格者，得以個人名義或受公證人公司任用於取得執業證照後執行業務。公證人公司應任用公證人至少一人擔任簽署工作，向主管機關辦理許可登記。依前項規定辦理許可登記後，應依法向公司登記主管機關辦理登記。每一公證人不得同時為二家以上公司擔任簽署工作。(可參閱保公管§7)

(一)保險公證人資格

　　保險公證人分一般公證人及海事公證人，公證人應具備下列資格之一：

1. 經專門職業及技術人員保險公證人考試及格者。
2. 前曾應主管機關舉辦之公證人資格測驗合格者。
3. 曾領有公證人執業證照並執業有案者。
4. 具有專門職業及技術人員技師考試及格證明文件，並執行業務五年以上者。
5. 曾任總噸位一萬噸以上船舶船長五年以上者。
6. 領有經主管機關認可之外國海事公證人執業證照或證明文件者。

　　具備前項第三款資格者，以執行同類業務為限；具備前項第四款資格者，僅得執行與其本業有關之公證人業務；具備前項第五款、第六款資格者，僅得執行海事公證人業務。(可參閱保公管§5)

(二)公證人公司總經理

　　總經理可說是公司靈魂人物，負責全公司經營。其職責性質，在保險公證人管理規則中的第10條有詳細嚴格的規定。例如：規定公司中，不得有其他職責與其相當之人，總經理不得兼任其他公證人公司之董事長、總經理。至於資格條件，第10條也有詳細規定，舉其一者，例如：具備國內外專科以上學校畢業或具有同等學歷，並具保險公司、保險合作社、公證人公司、保險代理人公司或保險經紀人公司工作經驗五年以上。(可參閱保公管§10)

(三)公證人公司資本

　　公證人公司申請經營公證人之業務者，其最低實收資本額為新臺幣200萬元。發起人及股東之出資以現金為限。(可參閱保公管§14)

(四)公證人教育訓練

　　教育訓練分為職前教育訓練與在職教育訓練。個人執業公證人或公司任用之公證人，應於申請執行業務前二年內參加職前教育訓練達一定時數以上並經測驗合格與申請換發執業證照書前二年內參加在職教育訓練達一定時數以上。(可參閱保公管§24，§25)

保險公證人

一般保險
公證人   出具公證報告 →  火災現場

海事保險
公證人   出具公證報告 →  沉船

教育訓練

申請執行業務前兩年職前訓練

申請換發執業證書前兩年在職訓練

國家考試科目

一般保險公證人	海事保險公證人
① 保險法規概要	① 保險法規概要
② 一般保險公證報告	② 海商法概要
③ 一般查勘鑑定	③ 海事保險英文公證報告
④ 估價與理算概要	④ 海事查勘鑑定

 動動腦

1. 保險公證公司最低資本額為：
   （　）100萬　（　）200萬　（　）300萬。
2. 職前訓練是在申請執行業務：
   （　）前一年　（　）前二年　（　）前三年。
3. 臺灣保險公證人考試分幾種？＿＿＿＿＿＿＿＿＿
4. 保險公證人資格為何？請列舉兩種。＿＿＿＿＿＿＿

Unit **13-3**
理賠的一般程序

不論產壽險理賠程序大體雷同，只是用語上，壽險習慣將理賠稱為給付、查勘習慣稱為調查。理賠的基本處理過程，包括下列六項基本步驟。

(一)損失的查勘

查勘 (Investigation) 是獲取相關損失處理資訊的過程，此一過程是損失處理能否圓滿的重要關鍵。例如：以一場火災損失為例，損失查勘上，應獲取的資訊至少包括如下幾項資料：1.目擊證人的證詞和姓名；2.損失情形的照片；3.損失現場繪製圖；4.傷亡人員病歷證明授權書；5.其他有助於確定損失責任的文件資料。

所有資料蒐集完整後，應確定兩項基本事項：1.需要負責賠償損失的關係人有哪些？公司本身是否涉及？2.公司賠償金應付的額度為多少？

(二)損失金額評估

損失查勘完畢後，所有涉及損失的相關單位和人員，對損失金額應進行評估。進行此項評估所需的資料，會因損失型態的不同而異。其正確性，則影響理賠成本的高低。

(三)損失賠償的磋商

損失賠償的磋商如果成功，就從事具結。否則，可經由仲裁、公斷或循法律解決。任何磋商基本上，包括四項步驟：1.準備資料 (Preparation)；2.討論與重新了解資料 (Exploration)；3.反覆討價還價 (Exchange of Offers /Counter Offers)；4.磋商成功，填寫切結書 (Closure / Settlement)。

(四)損失具結和爭議處理

當一個損失理賠案經過磋商，雙方均對應賠付的金額和賠付的時間，取得一致同意時，則損失理賠案達成和解 (Settled)。和解時，應出具切結書，雙方具結 (Closure) 之。切結書分兩種：一為一般切結書 (General Releases)；另一為特種切結書 (Special Releases)。

(五)支付賠償金額

在損失達成具結後，賠償者應一次或分期支付予受害者。

(六)損失處理過程績效評估

評估損失處理績效的目的，係在確保損失賠償的適當性，與損失金額支付時間的適切性。

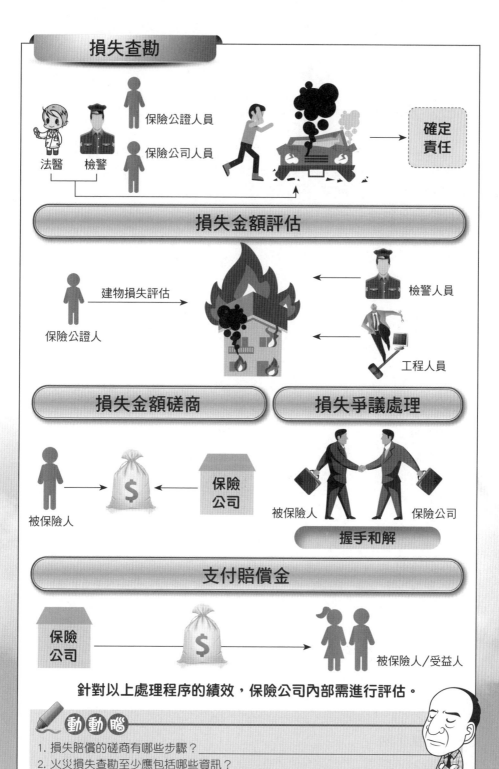

損失查勘

法醫　檢警　保險公證人員
保險公司人員

確定責任

損失金額評估

保險公證人　建物損失評估

檢警人員

工程人員

損失金額磋商

被保險人　　$　　保險公司

損失爭議處理

被保險人　　　　保險公司

握手和解

支付賠償金

保險公司　　$　　被保險人/受益人

針對以上處理程序的績效，保險公司內部需進行評估。

動動腦

1. 損失賠償的磋商有哪些步驟？_____
2. 火災損失查勘至少應包括哪些資訊？_____
3. 簡要說明一般損失理賠的程序。_____

Unit **13-4**
賠償金額的限制因素

圖解保險學

除定額的人壽保險，其保險金額就是賠償金額外，所有的補償性保險，其賠償金額的決定與計算則較為複雜，尤其是國際性的險種，例如：海上保險與航空保險等。一般而言，補償性保險的賠償金額受限於下列六大因素：

(一)保險利益額度

簡單來說，保險利益額度就是保險利益關係的經濟價值，賠償金額不能高過該價值金額。例如：甲、乙各具400萬元建物一半所有權，建物如因火災全毀，損失400萬元，不論保單其他賠償限制條款如何，對甲、乙個別最高賠償金額均不能超過200萬元。

(二)保險金額

保險金額也是保險人最高賠償責任限額，但各險種表示方法各有不同，根據保險標的項目，有些每一項目均有其個別保額，再有總保額；有些無個別保額，只有總保額。責任保險則一個事故有責任限額外，財損責任與體傷責任各有責任限額。保額表達的方式不同，賠償金額的應用與計算方式也不盡相同。

(三)自負額

自負額是被保險人自我承擔損失的額度。自負額的種類有多種，常見的種類，包括：1.等待期間：例如：健康保險的等待期間；2.直線式自負額：以固定金額表示，以每次損失為基礎，例如：汽車保險的自負額；3.起賠式自負額：以保險標的物的百分比表達，例如：海上貨物保險的 3% 自負額；4.累積式自負額：以保險期間作為基礎，設定自負額。

(四)共同保險

此處指的是被保險人的共保比例條款，常見於火災保險。這與實務上所稱的保險人間，內部共保與外部共保有別。有此條款時，賠償金額＝損失金額×[保險金額/(保險價額×共保比例)]。

(五)複保險

複保險需同時滿足下列四項條件：1.同一保險期間；2.同一保險事故；3.同一保險標的；4.同一承保損失。與共保比例概念不同，目的也不同。發生複保險情況時，賠償計算方式有：1.保額比例分法；2.獨立責任法等。

(六)不足額保險

不足額是指保險價額高過保險金額的情況，此時，賠償金額＝損失金額×(保險金額/保險價額)，又稱比例分擔條款。

保險利益額度

價值400萬
甲　乙
建物甲、乙共有

甲、乙額度各200萬，與保險金額比較後，以低者為保險人責任限額。

保險金額

壽險：定額依契約，不受補償原則限制。

產險：建物400萬　只投保200萬
保險人最高限額200萬

自負額

1. 每次損失自負額
1次　2次　每次適用自負額
保險期間

2. 等待期間
發病保險人不賠 ←
→ 發病保險人賠
等待期間
保險期間

3. 累積式自負額
→ 累計超額自負額
保險人才賠
保險期間

共同保險──共保比例

$$賠償金額 = 損失 \times \frac{保險金額}{保險價額 \times 共保比例}$$

不足額保險

建物　價值500萬
只保

300萬

複保險

建物
← 保險人甲
← 保險人乙

✏️ **動動腦**

1. 以保險期間為基礎計算的自負額是：（　）累積式自負額　（　）直線式自負額。
2. 保險價額高於保險金額，稱為：（　）足額保險　（　）不足額保險。
3. 複保險四要件為何？＿＿＿＿＿＿＿＿
4. 有共保比例時，賠償金額公式為何？＿＿＿＿＿＿＿＿
5. 賠償金額常見的限制因素有哪些？＿＿＿＿＿＿＿＿

第 14 章
保險經營功能(五)
——再保險

●●●●●●●●●●●●●●●●●●●●●●●●●●●●● 章節體系架構 ▼

Unit 14-1
再保險意義與功能

圖解保險學

(一)再保險的意義

簡單來說,再保險 (Reinsurance) 就是保險的保險。具體的說,再保險是保險人將承擔的保險責任轉嫁部分或全部責任,給另一保險人的一種契約行為。如另一保險人又將其承擔的保險責任轉嫁給另一保險人,就稱為轉再保險。因此,再保險契約是一種縱向分散風險的契約。

(二)再保險的性質

一般通說,再保險契約是一項責任保險契約,它與原保險契約既是相互依存,也是互為獨立的契約。

所謂互為獨立,有三種涵義:

1.原保險契約的被保險人不得直接向再保險人請求賠償,除非有直接給付 (Cut-Through) 條款。

2.再保險人不得向原保險契約的要保人請求交付保險費。

3.原保險人不得因再保險人不履行再保險賠款,拒絕或延遲對被保險人的賠償義務。其次,所謂相互依存,即再保險不能無原保險契約單獨存在,原保險無再保險則無法承擔巨大風險擴大業務量,兩者間互相依賴。

(三)再保險的功能

前提及,再保險是分散風險的契約,這也就是其基本功能,透過風險的分散,平均風險,擴大原保險人的承保能量,增加業務。業務量增加,有助於穩定損失經驗。其次,再保險透過再保賠款與再保險費對原保險人管銷費用的彌補,使原保險人的財務得以強化,進而提升清償能力,加速業務發展。最後,再保險人對原保險人提供核保技術教育訓練,增進原保險人的核保技術,可提升其承保利潤。

小博士解說

再保險簡史

1.1746年英王頒布再保險為無效的法令。

2.1846年再保險禁令廢除。

3.1798年第一張臨時再保單出現在丹麥。

4.1873年再保險佣金首次出現在挪威。

5.1821年第一張再保險合約出現在法國。

6.1846年第一家獨立專業再保險公司出現在德國。

再保險

建物甲
建物乙 ──承擔風險──→ 保險公司 ──轉嫁風險──→ 再保險公司 ──再轉嫁風險──→ 轉再保險公司
建物丙
⋮

風險會集中

再保險契約

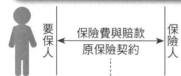

要保人 ←─保險費與賠款 原保險契約─→ 保險人 保險公司 ←─再保險費與賠款 再保險契約─→ 再保險人 再保險公司

法律上是獨立的兩個契約

再保險功能

①
損失波動
平均風險

② 提供核保技術

再保人
原保險人

③

口小沒再保　　口大有再保

④ 強化清償能力

✎ 動動腦

1. 再保險是保險的保險，所以再保險的功能有哪些？＿＿＿＿＿＿＿＿＿＿
2. 要保人不交保費，再保人可不可以向要保人收取保費？為什麼？＿＿＿＿＿
3. 轉再保險具有何意義？＿＿＿＿＿＿＿＿＿＿＿＿＿＿＿＿＿＿＿＿＿
4. 保險人不賠款，所以被保險人可以向再保人要求賠款嗎？如果可以，要有何種條款？＿＿＿＿＿＿＿＿＿＿＿＿＿＿＿＿＿＿＿＿＿＿＿＿＿＿＿＿＿

Unit **14-2**
再保險種類

再保險種類名稱眾多，可依是否為傳統再保區分、可依方法區分、可依型態區分。

(一)依是否為傳統再保區分

依此分類，再保險分成傳統再保險與財務再保險。這兩者主要的差異包括：

1.傳統再保險是一年期的契約，財務再保險除一年外，可以是多年期契約；

2.傳統再保險只承保保險風險，財務再保險可承保非保險風險。

3.傳統再保險僅承擔未來責任，財務再保險可承擔過去與未來責任。

4.傳統再保險通常是標準化契約，財務再保險是量身訂做的。

5.傳統再保險費僅考慮風險因素，財務再保險費另外考慮投資收益。

6.傳統再保險目的在轉嫁風險，財務再保險目的在改善財務結構。

(二)依方法區分

依此分類，再保險分成：

1.臨時再保險：顧名思義，這種再保險是業務來時，臨時找再保險人承擔責任的再保險。雙方當事人均沒有事先的契約約定；換言之，保險人尋求誰當再保險人，再保險人要不要接受，均不受約束，故也稱為自由再保險。

2.合約再保險：這種再保險是雙方當事人均有事先的契約約定；換言之，保險人尋求誰當再保險人，再保險人要不要接受，均受事先契約的約束，故也稱為固定再保險。

3.預約再保險：這種再保險是只有再保險人一方受到約束的再保險。

(三)依型態區分

依此分類，再保險分成比例再保險與非比例再保險。

比例再保險以保險金額為契約雙方當事人權利、義務的基礎，這包括：1.比率合約再保險；2.溢額合約再保險；3.比率與溢額混合的合約再保險。

非比例再保險以損失金額為契約雙方當事人權利、義務的基礎，這包括：

1.超額賠款再保險，又可分為普通超額賠款再保險 (WXL) 與巨災超額賠款再保險 (CXL)；2.超率賠款再保險，又稱停止損失再保險。

小博士解說

同命鴛鴦

再保險契約基本原則與原保險契約原則相同，但有一原則是原保險契約原則所無，那就是同一命運(Follow-the-Fortunes)原則；換句話說，再保險人與原保險人是合約上的同命鴛鴦。

臨時再保險

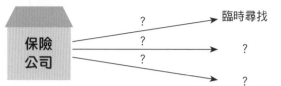

保險公司 → 臨時尋找 → 再保險人甲

? ? ? → 再保險人乙

雙方不受對方約束

合約再保險

保險公司 ← 約束 ── 合約再保險契約 1. ………… 2. ………… 3. ………… 4. ………… ── 雙方 → 再保險公司

預約再保險

保險公司 ?不受約束 ── 預約再保險 1. ………… 2. ………… 3. ………… 4. ………… ── 只約束再保險人 → 再保險公司

比率合約再保與溢額合約再保

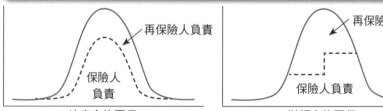

再保險人負責

保險人負責

比率合約再保

再保險人負責

保險人負責

溢額合約再保

 動動腦

1. 雙方均受約束的再保是：（　）臨時再保　（　）合約再保　（　）預約再保。

2. 傳統再保與財務再保有何不同？_____

3. 比率再保以什麼為權利、義務基礎？（　）保險金額　（　）損失金額。

4. 非比例再保以什麼為權利、義務基礎？（　）保險金額　（　）損失金額。

第 15 章

保險經營功能(六)
——法令遵循

章節體系架構 ▼

Unit 15-1
法令遵循角色的改變

圖解保險學

誠信是一般法令的基礎，保險業既是最大誠信行業，那麼保險的經營更應遵守法令規定。然而，現代的法務功能已隨時空演變，從過去單純的守法合法，轉變成如何透過法令的管理，事先完成預防違法為目的；從過去顧客自己小心 (Caveat Emptor)，轉換成廠商自己小心 (Caveat Venditor)，故過去所稱的法務部門，也更名為法令遵循部門，就像人事部，更名為人力資源部。

(一)保險經營重大相關法令

法令包括法律、行政命令、主管機關解釋、判例及判決等。保險經營重大的法律眾多，當然首推保險法與保險法施行細則，其他如保險契約法、各種管理辦法等。

(二)法令遵循架構

以法令遵循的自行評估 (風險評估)開始，從事教育訓練與宣導 (改善法令遵循風險)，進行法令遵循監控作業 (監控法令遵循風險)，定期做管理報告 (法令遵循風險報告)，最後，擬定法令遵循手冊 (辨識法令遵循風險)。法令遵循手冊，其內容至少應包括：

　　1.各項業務應採行之法令遵循程序。
　　2.各項業務應遵循之法令規章。
　　3.違反法令規章之處理程序。

108

(三)有效法令遵循計畫的要素

保險公司要能做到廠商自己小心的法令遵循，必須要有有效的法令遵循計畫。有效的法令遵循計畫，必須是有防禦性與積極性。法令遵循計畫必須知己，也就是要清楚保險經營上相關的法令與限制。其次要有明確的法令遵循標準，這些標準不只是消極的防弊懲處而已，而是要搭配呈報系統，積極鼓勵、獎勵正當的揭弊。再者需宣導周知與跟人力資源部密切合作，最後需有有效的監督與稽核。

(四)法令遵循人員

法令遵循人員應辦理下列事項：

　　1.維持清楚適當之法令傳達、諮詢、協調與溝通系統。
　　2.確認各項作業及管理規章均配合相關法規適時更新，使各項營運活動符合法令規定。
　　3.對各單位人員施以適當合宜的法規訓練。其次，法令遵循人員應具備一定資格條件，始可擔任。

法令遵循架構

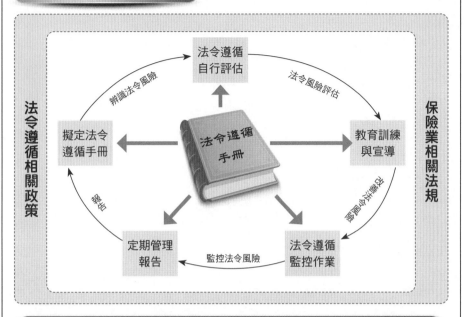

法令遵循人員應辦事項

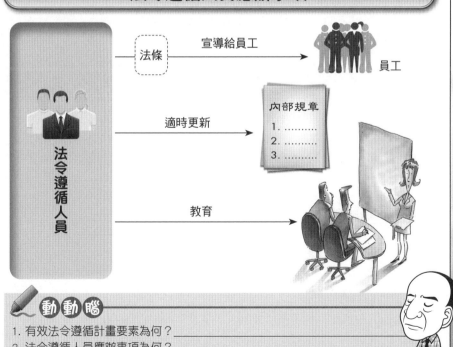

動動腦

1. 有效法令遵循計畫要素為何？_____
2. 法令遵循人員應辦事項為何？_____
3. 列舉兩種保險經營的法規。_____
4. 法令遵循架構為何？_____

第 **16** 章

保險經營功能(七) ──保險財務與 IFRSs

●●●●●●●●●●●●●●●●●●●●●●●● 章節體系架構 ▼

Unit 16-1
保險營運資金與利源

保險公司的營運需要資金，資金分自有與外來兩大類。保險公司經營也求獲利，獲利主要來源有兩種，一為本業承保利潤，另一為資金投資利潤。

(一)保險營運資金

保險營運資金分自有資金與外來資金。

自有資金主要來自股東投資。就股份保險公司而言，包括：1.資本；2.各種公積金；3.未分配盈餘；4.當期損益。就保險合作社而言，包括：1.股金；2.基金；3.公積金；4.公益金；5.未分配盈餘。

外來資金主要來自保戶所繳的保險費提存，也就是產壽險的各類準備金。整體而言，外來資金占保險公司資金的絕大部分。

(二)保險公司利源

雖然產壽險公司獲利來源均是來自本業的承保利潤與資金的投資利潤，但分析時所用名稱與方法各不相同。

1.產險公司利源分析

有關產險公司的承保利潤，以綜合比例 (Combined Ratio) 為指標。綜合比例若大於一，產險公司則有承保虧損；綜合比例若小於一，則有承保利潤；綜合比例若等於一，則無虧無盈。

綜合比例是損失率加上費用率。損失率就是賠款除以保費，費用率就是營業費用除以保費。投資利潤來自產險公司的資金運用收益率，高過資金成本的差額。

2.壽險公司利源分析

壽險公司依其利潤來源的不同，可分死差損益、利差損益、費差損益、解約損益與其他損益。承保利潤與虧損指的就是死差損益、費差損益、解約損益。投資利潤與虧損指的是利差損益。

(1) 死差益＝(預定死亡率－實際死亡率)×危險保額

死差損＝(實際死亡率－預定死亡率)×危險保額

危險保額就是死亡保額扣除責任準備金的餘額。

(2) 利差益＝(實際收益率－預定利率)×責任準備金總額

利差損＝(預定利率－實際收益率) ×責任準備金總額

(3) 費差益＝(附加保費－實際營業費用)×(1＋利率/2)

費差損＝(實際營業費用－附加保費)×(1＋利率/2)

(4) 解約益＝責任準備金－解約金

解約損＝解約金－責任準備金

圖解保險學

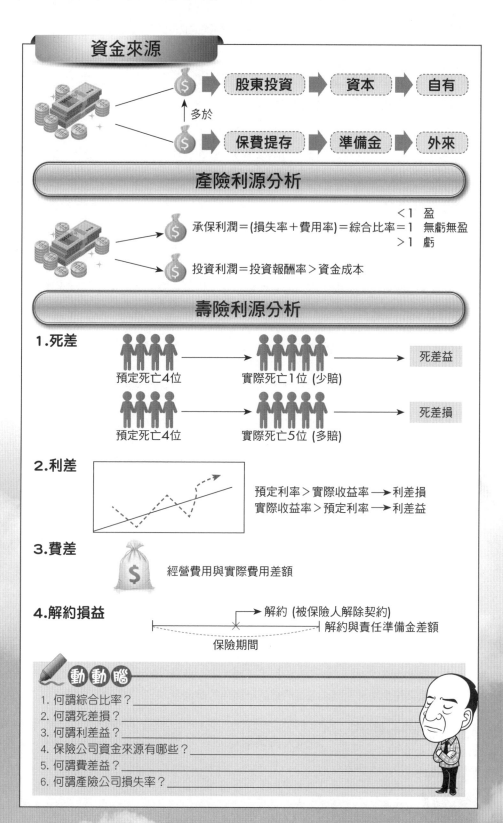

資金來源

股東投資 ➡ 資本 ➡ 自有

↑ 多於

保費提存 ➡ 準備金 ➡ 外來

產險利源分析

承保利潤＝(損失率＋費用率)＝綜合比率 $\begin{cases} <1 & \text{盈} \\ =1 & \text{無虧無盈} \\ >1 & \text{虧} \end{cases}$

投資利潤＝投資報酬率＞資金成本

壽險利源分析

1.死差

預定死亡4位 ➡ 實際死亡1位 (少賠) ➡ 死差益

預定死亡4位 ➡ 實際死亡5位 (多賠) ➡ 死差損

2.利差

預定利率＞實際收益率 ➡ 利差損
實際收益率＞預定利率 ➡ 利差益

3.費差

經營費用與實際費用差額

4.解約損益

解約 (被保險人解除契約)
解約與責任準備金差額
保險期間

✏ 動動腦

1. 何謂綜合比率？＿＿＿＿＿＿＿＿＿＿＿＿＿＿＿＿＿＿
2. 何謂死差損？＿＿＿＿＿＿＿＿＿＿＿＿＿＿＿＿＿＿＿
3. 何謂利差益？＿＿＿＿＿＿＿＿＿＿＿＿＿＿＿＿＿＿＿
4. 保險公司資金來源有哪些？＿＿＿＿＿＿＿＿＿＿＿＿
5. 何謂費差益？＿＿＿＿＿＿＿＿＿＿＿＿＿＿＿＿＿＿＿
6. 何謂產險公司損失率？＿＿＿＿＿＿＿＿＿＿＿＿＿＿＿

Unit **16-2**
產壽險準備金

　　準備金是產壽險公司資金運用的主要來源。當資金運用收益率，也就是投資報酬率高過資金成本時，保險公司就能獲利。

(一)壽險準備金

　　壽險準備金依臺灣保險法，主要包括責任準備金或稱保單責任準備金、未滿期保費準備金、保費不足準備金、特別賠款準備金與賠款準備金等五種，各準備金的提存，均依保險法規定。

　　1.責任準備金：該準備金就是壽險保費積存準備金。主要有兩種提存計算方式，一為平衡純保費準備金計算方式，另一為修正準備金計算方式。根據平衡純保費準備金計算方式，其公式如下：

　　(1)過去法：(過去已收保費的終值－過去已付賠款的終值)＝責任準備金

　　(2)將來法：(未來賠款的現值－未來保費的現值)＝責任準備金

　　2.未滿期保費準備金：針對未到期保單依自留部分計算未滿期保費提存，計算方式，參閱產險準備金。

　　3.保費不足準備金：針對可能賠款超過保費所提存的準備金。

　　4.特別賠款準備金：針對可能的巨災損失或損失率波動過巨所提存的準備金。

　　5.賠款準備金：針對保險期間在一年以上及以下的保險自留業務，所提存的準備金。

(二)產險準備金

　　產險準備金依臺灣保險法，主要包括未滿期保費準備金、保費不足準備金、特別準備金與賠款準備金等四種，各準備金的提存，均依保險法規定。

　　1.未滿期保費準備金：年度結算時，針對已收保費但保險期間未屆滿，責任仍應負所提存的準備。提存計算方式有法定法與技術法，法定法無固定比例，但由精算師評估決定。技術法則有半年法 (四分之一法)、季中法 (八分之一法) 與月中法 (二十四分之一法)。

　　2.保費不足準備金：針對可能賠款超過保費所提存的準備金。

　　3.特別準備金：針對可能的巨災損失或損失率波動過巨所提存的準備金。

　　4.賠款準備金：針對尚未支付的賠款所提存的準備金。

小博士解說

國光人壽破產史

　　國光人壽在政府第一波開放時，為第二家被核准設立的保險公司，也是臺灣保險史上第一家破產清算的保險公司，時約1970年，也是短命保險公司，破產主因就是投資虧損。

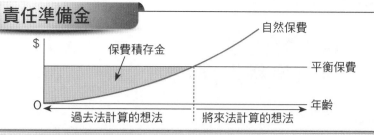

責任準備金

- 自然保費
- 保費積存金
- 平衡保費
- 年齡
- O
- 過去法計算的想法 | 將來法計算的想法

未滿期保費準備金 (假設保單都是一年期)

四分之一法　上半年　下半年

上半年保單假設都在上半年中簽發
(未滿期比例1/4)
下半年保單假設都在下半年中簽發
(未滿期比例3/4)

八分之一法　1季　2季　3季　4季

保單均假設在每季
季中簽發

1季未滿期比例1/8　2季未滿期比例3/8
3季未滿期比例5/8　4季未滿期比例7/8

二十四分之一法　1 2 3 4 5 6 7 8 9 10 11 12

保單均假設
每月中簽發

1/24　3/24　5/24　7/24　9/24　11/24　13/24　15/24　17/24　19/24　21/24　23/24

特別準備金

針對巨災 ─ 地震
　　　　 └ 伊波拉

 傳染他人 → 死一堆人

保費不足準備金

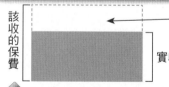

該收的保費

提列準備金

實收保費 → 不足賠款

另外，賠款準備金是
針對尚未支付的賠款
提列。

動動腦

1. 責任準備金計算公式為何？＿＿＿＿＿＿＿＿＿＿＿＿＿＿＿＿＿＿＿
2. 一年期保單收1,200元，年底未滿期保費為多少？
　(1)依四分之一法＿＿＿＿＿＿＿＿＿＿＿＿＿＿＿＿＿＿＿＿
　(2)依八分之一法＿＿＿＿＿＿＿＿＿＿＿＿＿＿＿＿＿＿＿＿
　(3)依二十四分之一法＿＿＿＿＿＿＿＿＿＿＿＿＿＿＿＿＿
3. 特別準備金的目的何在？＿＿＿＿＿＿＿＿＿＿＿＿＿＿＿＿＿
4. 產險為何無責任準備金？＿＿＿＿＿＿＿＿＿＿＿＿＿＿＿＿＿

Unit 16-3
資金運用與規定

(一)資金運用原則

　　資金運用就是投資。保險業投資首重安全原則，這大不同於其他行業投資首重收益原則，蓋因保險業投資資金絕大部分為保戶所繳的外來資金；其次，才考慮收益原則。

(二)資金運用項目與限制

　　臺灣保險業資金運用的規定，在保險法第 146 條至第 146 之 8 條中，總共 9 條條文。資金指的是保險公司資產負債表中的業主權益與各種準備金的總合，其投資項目與限制如下：

　　1.存款：以資金總額的百分之十為限。

　　2.有價證券：(1) 金融債券、可轉讓定期存單、銀行承兌匯票、金融機構保證商業本票與其他經主管機關核准的有價證券：以資金總額的百分之三十五為限；(2) 依法核准公開發行的公司股票、有擔保公司債與經評等機構評定為相當等級以上之公司發行的公司債：以資金總額的百分之三十五為限，但每一公司總額小於資金總額的百分之五與被投資者實收資本額的百分之十；(3) 受益憑證：以資金總額的百分之十為限，但每一基金只限其已發行受益憑證總額的百分之十。

　　3.不動產：(1) 自用者：以業主權益總額為限；(2) 非自用者：以資金總額的百分之三十為限。

　　4.放款：(1) 銀行保證放款、動產或不動產擔保放款與有價證券質押放款：以資金總額的百分之三十五為限，但每一單位只限資金總額的百分之五；(2) 保單質押放款與負責人、職員等之擔保放款；(3) 對同一家公司之投資及以該公司發行之股票與公司債為質押之放款：以資金總額的百分之十為限，但只限發行公司實收資本額的百分之十。

　　5.辦理經主管機關核准之專案運用及公共投資。

　　6.國外投資：累積投資額最高以資金總額的百分之四十五為限。

　　7.投資保險相關事業：最高以業主權益總額的百分之四十為限。

　　8.經主管機關核准從事的衍生品交易。

　　9.其他經主管機關核准的資金運用。

小博士解說　**被接管的臺灣保險公司**

因資金運用違法與不當，臺灣保險業被主管機關接管的保險公司計有：國光人壽保險公司、國華產物保險公司、太平產物保險公司、國華人壽保險公司、國寶人壽保險公司與幸福人壽保險公司等。

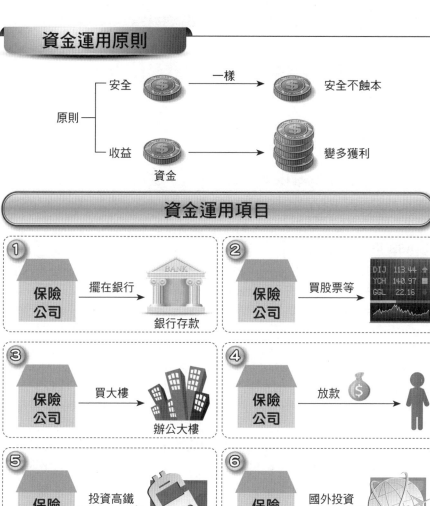

資金運用原則

原則 ─┬─ 安全 ──一樣──→ 安全不蝕本
　　　　資金
　　　└─ 收益 ──────→ 變多獲利

資金運用項目

① 保險公司 ──擺在銀行──→ 銀行存款

② 保險公司 ──買股票等──→ 　DIJ 113.44 ↑　YCH 140.97 ■　GGL 22.16 ↓

③ 保險公司 ──買大樓──→ 辦公大樓

④ 保險公司 ──放款──→

⑤ 保險公司 ──投資高鐵──→

⑥ 保險公司 ──國外投資──→

⑦ 保險公司 ──設立──→ 風險管理顧問公司

⑧ 保險公司 ──投資衍生品──→ 臺灣期貨交易所

⑨ 其他政府核准項目

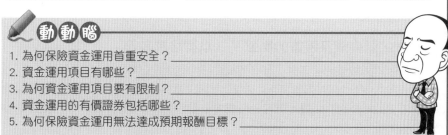

動動腦

1. 為何保險資金運用首重安全？＿＿＿＿＿＿＿＿＿＿＿＿＿
2. 資金運用項目有哪些？＿＿＿＿＿＿＿＿＿＿＿＿＿＿＿＿＿
3. 為何資金運用項目要有限制？＿＿＿＿＿＿＿＿＿＿＿＿＿＿
4. 資金運用的有價證券包括哪些？＿＿＿＿＿＿＿＿＿＿＿＿＿
5. 為何保險資金運用無法達成預期報酬目標？＿＿＿＿＿＿＿＿

Unit 16-4
IFRSs

國際財務報導準則 (International Financial Reporting Standards, IFRSs) 為財務會計領域，近年來最重大的變革。此項變革影響深且廣，不僅包括財務會計學界與實務界，幾乎所有各行各業的財務會計處理與稅務及監理，均受其影響。臺灣政府已決定接軌 IFRSs，2012 年是採雙軌並行制，也就是原有的臺灣會計準則與 IFRSs 並行，未來可能全面採行 IFRSs。

(一) IASB 與 IFRSs

國際會計準則理事會 (International Accounting Standards Board, IASB) 的前身，是國際會計準則委員會 (International Accounting Standards Committee, IASC)。IFRSs 就是由 IASB 制定發布，負責制定 IFRSs 的 IASB，其主要職責有二：一為依據已建立之正當程序，制定及發布 IFRSs；二為核准 IFRSs 解釋委員會對 IFRSs 所提出的解釋。另一方面，世界各國接軌使用 IFRSs 的情況，亦值得留意，尤其是美國與中國。美國的一般公認會計準則 (Generally Accepted Accounting Principle, GAAP) 在 IFRSs 發布前，一向為各國遵循，包括臺灣。GAAP 是以規則為基礎 (Rule-Based)，在此基礎下，會計人員可卸責；但 IFRSs 是以原則為基礎 (Principle-Based)，在此基礎下，會計人員難卸責。美國由於是世界強國，也可說是世界經濟中心所在，因此接軌 IFRSs 可能爭議多，但美國的證券交易委員會 (Securities Exchange Committee, SEC) 仍決定在過渡期之後，強制接軌 IFRSs。至於中國，則在其制定本國會計準則時，會參考 IFRSs，但仍存在部分重大差異。

(二) IFRS 4

所有 IFRSs 準則，對所有的企業會計與風險管理，均有深度影響。其中，IFRS 4 對一般企業公司以保險作為風險轉嫁工具時，以及對保險公司的經營而言，更是息息相關。IFRS 4 相關規定包括：1.何謂保險合約；2.範圍；3.認列與衡量；4.揭露；5.未來發展。IFRS 4 對保險合約的定義，係指當一方 (保險人) 接受另一方 (保單持有人) 之顯著保險風險移轉，而同意於未來某特定不確定事件 (保險事件) 發生致保單持有人一受有損害時，給予補償之合約。該合約須包括四項主要要素：1.未來特定不確定事件之規定；2.保險風險之意義；3.保險風險是否顯著；4.保險事件是否致保單持有人受有損害。

(三) IFRSs 對臺灣保險業的衝擊──以壽險業為例

IFRSs 對壽險業總體來說，有下列幾點特定重大的影響：

第一，公平價值的問題；第二，會計科目的問題；第三，營利事業所得稅的問題；第四，保險合約的問題；第五，相關法令配套與衝突問題；第六，IFRSs 專業人才不足的問題。

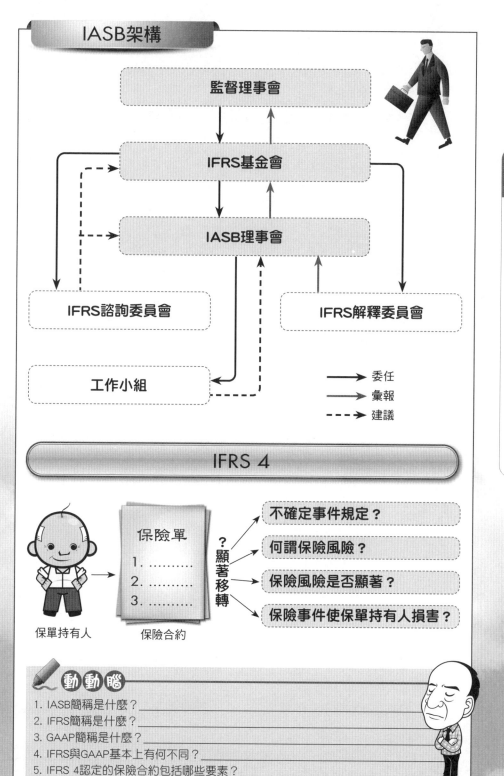

IASB架構

監督理事會

IFRS基金會

IASB理事會

IFRS諮詢委員會

IFRS解釋委員會

工作小組

→ 委任
→ 彙報
--→ 建議

IFRS 4

保險單
1. ....
2. ....
3. ....

? 顯著移轉

不確定事件規定？

何謂保險風險？

保險風險是否顯著？

保險事件使保單持有人損害？

保單持有人　　保險合約

動動腦

1. IASB簡稱是什麼？＿＿＿＿＿＿＿＿＿＿＿＿＿＿＿＿＿

2. IFRS簡稱是什麼？＿＿＿＿＿＿＿＿＿＿＿＿＿＿＿＿＿

3. GAAP簡稱是什麼？＿＿＿＿＿＿＿＿＿＿＿＿＿＿＿＿

4. IFRS與GAAP基本上有何不同？＿＿＿＿＿＿＿＿＿＿＿

5. IFRS 4認定的保險合約包括哪些要素？＿＿＿＿＿＿＿＿

第 **17** 章

保險監理與 Solvency II

章節體系架構 ▼

Unit **17-1**
保險監理的意義、理由、方法與內容

保險事業與一般行業大不同，其特質參閱前述。由於特殊，且涉及公共利益，故是特許行業。

(一)保險監理的意義

簡單來說，保險監理就是政府對保險事業的監督與管理。理論上，政府是否要涉入干預保險事業，屢有爭論，但國際上，通常政府均會進行監管。

(二)保險監理的理由

保險監理的理由眾多，由於保險事業涉及公共利益，因此，首要在保護廣大保戶。其次，防止保險市場失靈。最後，配合國家經濟與社會政策。

(三)保險監理的方法

保險監理的方法，包括：
1.採行公示主義的公告方式。
2.採行準則主義的規範方式。
3.採行許可主義的實體監督方式。

(四)保險監理的內容

保險監理內容上，大體可分三大類：第一類是設立申請；第二類是設立後營運時；第三類則是預警監理。設立申請的監理包括：1.申請核准；2.營業登記；3.繳存保證金；4.營業執照。設立後營運時的監理，包括：1.業務監理：有營業範圍、費率與條款、限制保額與營業方法的監理；2.財務監理：準備金的提存與資金運用；3.人事監理。保險監理中，政府也採用各種預警工具，例如：RBC 與保險監理資訊系統 (IRIS) 等。

(五)國際保險監理組織與 ICPs

國際間存在各種國際保險監理組織，對各國政府保險監理有深遠影響。主要的國際保險監理組織，包括：1.國際保險監理官協會；2.歐盟；3.拉丁美洲保險監理官協會；4.離岸保險監理官集團等。其次，國際間在 2011 年也公布了國際保險監理核心原則 (Insurance Core Principles, ICPs) 共 26 條，供各國政府保險監理所遵循。此核心原則從原始 2003 ICPs 公布後，經過修改，修改的主要項目，包括：1.清償能力架構與資產負債評價；2.市場管理；3.公司治理；4.跨境集團監理；5.監理合作與協調及危機管理時的跨境合作與協調。

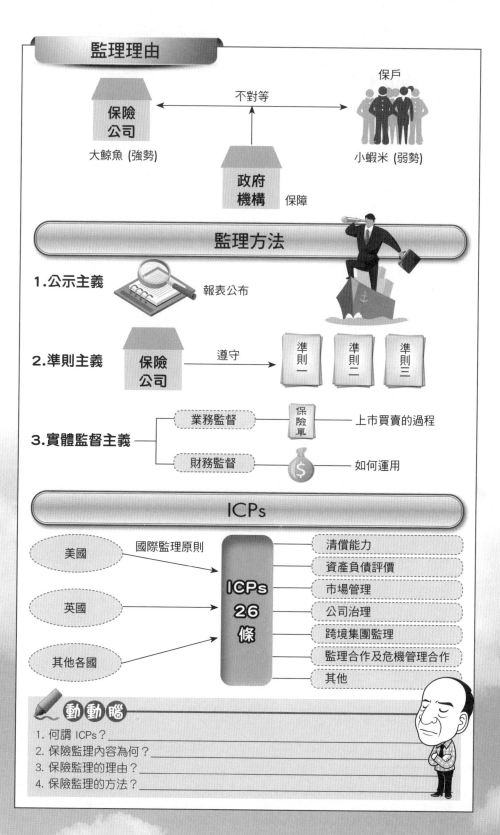

監理理由

保戶

保險公司

不對等

大鯨魚 (強勢)

政府機構　保障

小蝦米 (弱勢)

監理方法

1.公示主義　報表公布

2.準則主義　保險公司　遵守　→　準則一　準則二　準則三

3.實體監督主義
- 業務監督　保險單　── 上市買賣的過程
- 財務監督　$ ── 如何運用

ICPs

美國　國際監理原則

英國

其他各國

ICPs 26 條

- 清償能力
- 資產負債評價
- 市場管理
- 公司治理
- 跨境集團監理
- 監理合作及危機管理合作
- 其他

動動腦

1. 何謂 ICPs？＿＿＿＿＿＿＿＿＿＿＿＿＿＿＿＿＿
2. 保險監理內容為何？＿＿＿＿＿＿＿＿＿＿＿＿＿＿＿
3. 保險監理的理由？＿＿＿＿＿＿＿＿＿＿＿＿＿＿＿＿
4. 保險監理的方法？＿＿＿＿＿＿＿＿＿＿＿＿＿＿＿＿

RBC

風險基礎資本制度 (Risk-Based Capital, RBC) 是一項預警式監理制度。最早由美國 NAIC (National Association of Insurance Commissioners, NAIC) 發展。

(一)NAIC 的 RBC

1.壽險的 RBC

壽險公司面臨的風險 (健康險除外) 被區分為五大類：第一，關係企業風險 (以「C0」表示)，它係指關係企業投資無法回收的風險；第二，資產風險 (以「C1」表示)，它係指不良資產的風險，含括資金運用的風險；第三，保險/核保風險 (以「C2」表示)，它係指承保業務的風險；第四，利率風險 (以「C3」表示)，它係指利率波動引發的退保增加的風險；第五，業務風險 (以「C4」表示)，它係指其他經營不當的風險。其 RBC 計算公式為：

$$RBC = C0 + \sqrt{C1^2 + C2^2 + C3^2 + C4^2}$$

2.產險的 RBC

產險公司面臨的風險被區分為六大類：第一，關係企業風險 (以「R0」表示)，它係指關係企業投資無法回收的風險；第二，資產風險 (以「R1」表示)，它係指固定收益資產的風險；第三，資產風險 (以「R2」表示)，它係指權益資產的風險；第四，信用風險 (以「R3」表示)；第五，準備金風險 (以「R4」表示)；第六，保險費風險 (以「R5」表示)。其中，R4+R5 就是產險公司的保險/核保風險，其 RBC 計算公式為：

$$RBC = R0 + \sqrt{R1^2 + R2^2 + R3^2 + R4^2 + R5^2}$$

最後，以調整後資本額[*] 除以風險基礎資本額 (RBC×k 值) 得出風險資本額比率 (RBC Ratio)。其中，k 值，NAIC 訂為 0.5。保險監理單位依不同的風險資本額比率，採取不同的監理行動。

(二) 臺灣的 RBC

乃調整自美國 NAIC 的 RBC 制度，就壽險業的 C1，分成非關係人股票風險 (C1cs) 與股票以外的非關係人資產風險 (C1o) 兩種。其他風險類別的內容與美國壽險業雷同，同時在考慮國情下，k 值調成 0.48[**]。因此，臺灣壽險業 RBC 為：

$$RBC = 0.48 \times \left(C0 + C4 + \sqrt{(C1o + C3)^2 + C1cs^2 + C2^2} \right)$$

至於，對產險業 RBC 作法亦雷同，調整自美國產險 RBC。

---

[*] 調整後資本額包括資本及盈餘、資產評價準備、自願性投資準備與保單紅利準備，前三項風險係數訂為 1，保單紅利準備風險係數訂為 0.5。各項帳上金額乘以相關風險係數後加總，即得調整後資本額。

[**] k 係數，視各國生態決定，似乎無一定學理依據，可隨時調整。

NAIC一　壽險 RBC

C0　關係企業

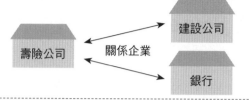

壽險公司　關係企業　建設公司　銀行

C1　資產

股票　不動產等

C2　保險業務

保險單

C3　利率風險

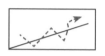

C4　其他業務風險

NAIC二　產險 RBC

R0　關係企業

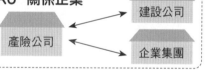

產險公司　建設公司　企業集團

R1　固定收益資產

公債　不動產租金

R2　權益資產

股票

R3　信用風險

再保合約

R4　準備金風險

提列不足

R5　保費風險

損失波動

動動腦

1. NAIC壽險RBC公式為何？_____
2. NAIC產險RBC公式為何？_____
3. 臺灣壽險RBC公式為何？_____
4. RBC比率是什麼？_____

Unit 17-3
歐盟 Solvency II

　　歐盟保險監理 Solvency II 的新架構，在不斷的量化衝擊研究 (Quantitative Impact Study, QIS) 與各方努力下，即將實施。臺灣的監理單位，目前雖採取美國 RBC 制度，但未來極有可能接軌歐盟的 Solvency II。Solvency II 的前身，並沒有正式稱為 Solvency I 的保險監理制度。但 1973 年與 1979 年的產險指令與壽險指令，一般即認為是 Solvency II 的前身，故乃認為即「Solvency I」。2003 年歐盟依「Lamfalussy」程序[*]，成立了歐盟保險及勞工退休基金監理代表委員會 (The Committee of European Insurance and Occupational Pensions Supervisors, CEIOPS)，該委員會乃 Solvency II 的主要執行機構。目前 Solvency II 的架構，也如 Basel II 有三個支柱，分別是第一支柱數量的要求標準，相當於 Basel II 第一支柱的最低資本要求；其次是，相當於 Basel II 第二支柱的監理檢視流程；最後一支柱是監理報告與公開資訊揭露。茲簡要說明三大支柱的內容如後。

(一)第一支柱——數量的要求標準

　　第一支柱主要為數量的要求，就是準備金的計算與保險公司清償資本的要求。準備金是保險公司負債項目，在國際財務報導準則 (International Financial Reporting Standards, IFRSs) 的要求下，保險公司資產與負債，均以公平價值 (Current Exit Value/Fair Value) 衡量。保險公司負債的公平價值，以最佳估計值 (Best Estimate) 加上風險邊際[**]/利潤 (Risk Margin) 之和，為衡量基礎，也就是：

> 負債公平價值＝最佳估計值＋風險邊際

　　第一支柱數量的要求，除準備金的計算外，另一最重要的就是清償資本要求。清償資本要求有最低資本額 (Minimum Capital Requirement, MCR) 與清償資本額 (SCR) 的雙元標準，通常 MCR 為 SCR 的某一百分比，清償資本額就是保險公司的風險資本。

(二)第二與第三支柱——監理檢視與監理報告及公開資訊揭露

　　第二支柱著重保險公司內部管理的品質，同時監理機關在一定條件下，要求保險公司增加資本。第三支柱是監理報告、財務報告與資訊的揭露，該支柱主要在使公司所有利害關係人了解保險公司的財務狀況，關於此點，Solvency II 可能接軌 IFRSs 的規範，以取得報告的一致性。

---

[*] Lamfalussy 程序是歐盟法案通過的適用程序，目的在確保歐盟層級上建立的法規與制度的效率。

[**] 此處所言風險邊際與精算中風險邊際不同，此處是指利潤而言。

Solvency II 三大支柱

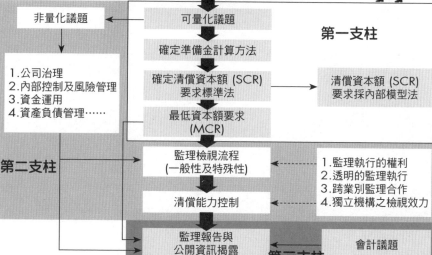

建立以風險為監理基礎之一致共識

資產、負債以市價、公平價值為基礎

| 非量化議題 | 可量化議題 | 第一支柱 |

確定準備金計算方法

確定清償資本額 (SCR) 要求標準法 → 清償資本額 (SCR) 要求採內部模型法

1.公司治理
2.內部控制及風險管理
3.資金運用
4.資產負債管理……

最低資本額要求 (MCR)

第二支柱

監理檢視流程 (一般性及特殊性)

1.監理執行的權利
2.透明的監理執行
3.跨業別監理合作
4.獨立機構之檢視效力

清償能力控制

監理報告與 公開資訊揭露　　會計議題

第三支柱

〔資料來源：黃芳文 (2007)。歐盟Solvency II 監理制度〕

SCR的變化

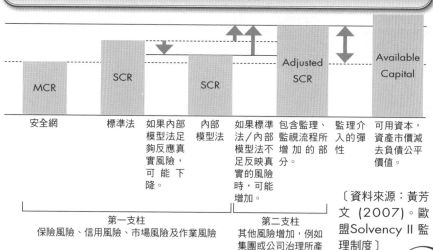

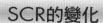

| MCR | SCR | SCR | | Adjusted SCR | | Available Capital |

| 安全網 | 標準法 | 如果內部模型法足夠反應真實風險，可能下降。 | 內部模型法 | 如果標準法/內部模型法不足反映真實的風險時，可能增加。 | 包含監理、監視流程所增加的部分。 | 監理介入的彈性 | 可用資本，資產市價減去負債公平價值。 |

第一支柱
保險風險、信用風險、市場風險及作業風險

第二支柱
其他風險增加，例如集團或公司治理所產生的風險。

〔資料來源：黃芳文 (2007)。歐盟Solvency II 監理制度〕

動動腦

1. 負債的公平價值是什麼？_____
2. Solvency II的三個支柱為何？_____
3. 何謂MCR？_____
4. 何謂SCR？_____

第 **18** 章
保險業務文書與基本結構

●●●●●●●●●●●●●●●●●●●●●●●● 章節體系架構 ▼

Unit 18-1
保險業務主要文書類別

保險是特殊交易，業務文書的製作、打印與書寫等自有其重要性。這些業務文書主要包括要保書、保險單、暫保單、送金單、保費收據、批單與批註等。這些文書內容，均是保險契約的構成部分。

(一)要保書

要保形式，可以是書面與口頭。保險是特殊交易，常用書面，稱要保書。要保書由申請投保的要保人或被保險人填寫與親自簽章，其內容均是各險種核保時的重要事項。有的是填寫方式，有的是問「是」與「否」的問答方式。例如：火險要保書中，建物所在地，是填寫方式；壽險要保書中，近年是否動過手術？是問答方式。

(二)保險單

保險單是保險契約主要文書，保戶收到的就是保險單，因此保險公司對保險單打印的內容均應百分百正確，否則產生的糾紛，可能導致保險公司蒙受損失。保險單的製作與結構，參閱下一單元。

(三)暫保單

暫保單顧名思義就是暫時承保的意思，常見於財產保險領域，其效力通常是三十天。正式保險單簽發完成時，同時失效。

130

(四)送金單與保費收據

送金單常見於人壽保險領域，也是壽險保費收據；在產險則稱為保費收據，不稱送金單。收到保費是保險契約生效的要件，過去產險中為活絡商業活動，保費收取日與保險契約生效始日，可不一致。

(五)批單與批註

批單形式是一項單據，批註則是保險單中的欄位。不論形式為何，均是用來變更修改保險單內容的。

最後，保險契約之解釋，應探求契約當事人之真意，不得拘泥於所用之文字；如有疑義時，以作有利於被保險人之解釋為原則。

小博士解說

中國第一張保險單
以第一家華人開辦的保險機構——上海義和保險公司——起算，那麼，中國第一張保險單應該出自該公司，時約1865年。

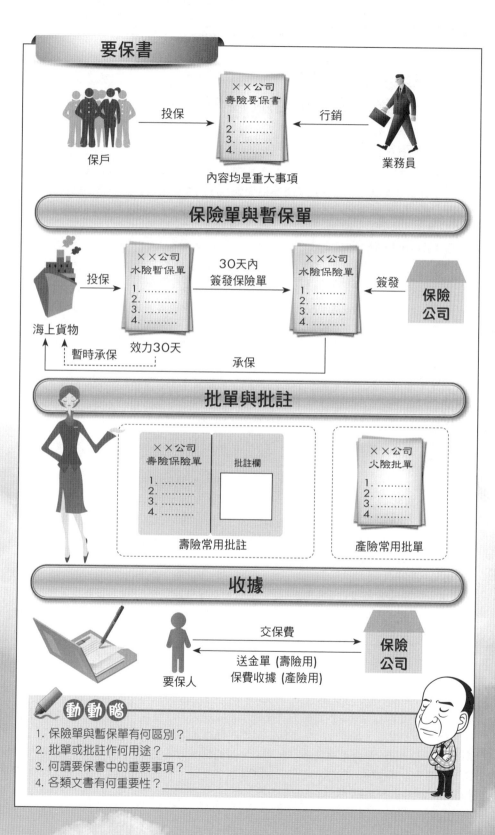

要保書

保戶 ——投保——→ ××公司 壽險要保書 1.......... 2.......... 3.......... 4.......... ←——行銷—— 業務員

內容均是重大事項

保險單與暫保單

海上貨物 ——投保——→ ××公司 水險暫保單 1.......... 2.......... 3.......... 4.......... ——30天內 簽發保險單——→ ××公司 水險保險單 1.......... 2.......... 3.......... 4.......... ←——簽發—— 保險公司

暫時承保 效力30天 承保

批單與批註

××公司 壽險保險單 1.......... 2.......... 3.......... 4.......... | 批註欄

壽險常用批註

××公司 火險批單 1.......... 2.......... 3.......... 4..........

產險常用批單

收據

要保人 ——交保費——→ 保險公司
←——送金單 (壽險用) 保費收據 (產險用)——

動動腦

1. 保險單與暫保單有何區別？_____
2. 批單或批註作何用途？_____
3. 何謂要保書中的重要事項？_____
4. 各類文書有何重要性？_____

Unit 18-2
保險單的製作與結構

(一)製作保險單的方式

　　保險公司製作保險單，有些印刷精美成冊，有些印刷粗糙成張，有些字體較大，有些為省成本字體極小，有些採活頁裝訂。站在保戶立場，當然最好是印刷精美，字體大者為佳。一般先進英、美國家為保護保戶權益，就相當重視保險單的印製。

(二)保單的組成結構

　　不論產壽險保險單，保險單組成結構大體雷同。例如：臺灣的住宅及商業火險保險單，保單正面印製序文、附表與保險單簽署年月日，背面則是基本條款與特約條款。美國的一張正式保險單，基本上由承保協議、名詞定義、承保範圍、除外事項、基本條款與其他條款構成。印製排列組成雖不盡相同，但大體上，各國保險單或產壽險保險單的組成結構，不外乎下列各項內容。

　　1.承保協議/序文

　　此項主要簡單陳述保險契約雙方的權利、義務關係與被保險人姓名、保險標的、所在地、保險金額、保險期間等。

　　2.定義

　　此項主要說明保險單中重要名詞的規範意義，據以確認保險單內容。

　　3.承保範圍

　　此項主要陳述保險人的主要義務，通常有列舉式與概括式陳述方式。

　　4.不保事項

　　此項主要陳述這張保險單不承保哪些事項，這些事項包括：不保的危險事故、不保的損失、不保的財產與不保的地區。不保的理由甚多，例如：是要消除不可保的風險或要消除不易估計其價值的財產等原因。

　　5.基本條款

　　此項主要陳述這張保險單有哪些是保險人的基本承保責任與被保險人的基本義務，例如：損失通知義務等。

　　6.其他條款

　　此項主要陳述這張保險單除基本條款外，還有哪些其他特約條款或事項。

(三)保險單標準化

　　保險單標準化主要是因自由設計保險單有其缺失，政府也不便管理，保戶權益照顧可能不周，因此，基本上，各國保險單均有標準化的趨勢。標準化有的是因慣例或權威性而成，有的是因政府法令規定而成，有的是因同業協調而成。標準化條款，例如：臺灣的人壽保險示範條款、汽車保險基本條款等。最後，須留意，標準化雖有優點，但同樣也有其缺點。

製作方式

單張式　　　　　　　　裝訂式　　　　　　　　活頁式

保險單組成結構

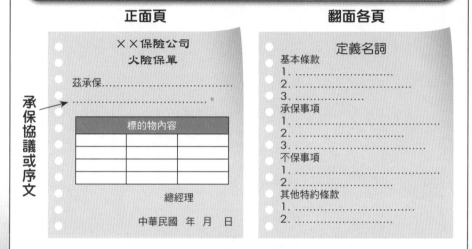

正面頁　　　　　　　　　　　　翻面各頁

承保協議或序文

××保險公司
火險保單

茲承保……………………………………
………………………………………………。

標的物內容		

總經理

中華民國　年　月　日

定義名詞
基本條款
1. …………………………
2. …………………………
3. …………………
承保事項
1. …………………………
2. …………………………
3. …………………
不保事項
1. …………………………
2. …………………
其他特約條款
1. …………………………
2. …………………

保險單標準化

甲　保險公司保單條款

乙　保險公司保單條款　→　保險公司自由設計條款較凌亂　→　保戶難比較　→

丙　保險公司保單條款

各公司各保險統一基本或示範條款

××保險
基本/示範條款
1. …………
2. …………
3. …………
4. …………

→　標準化

　動動腦

1. 不保事項的理由為何？＿＿＿＿＿＿＿＿＿＿＿＿＿＿＿＿＿＿＿＿＿＿
2. 保險單標準化有何好處？＿＿＿＿＿＿＿＿＿＿＿＿＿＿＿＿＿＿＿＿＿
3. 就保戶權益保障而言，保險單製作方式該注意哪些事項？＿＿＿＿＿＿＿
4. 保險單基本組成結構有哪些部分？＿＿＿＿＿＿＿＿＿＿＿＿＿＿＿＿＿

第19章
財產保險業務

●●●●●●●●●●●●●●●●●●●●●●●●●● 章節體系架構 ▼

鑒於兩岸交流頻繁，國際化的學習，本章以中國保險業務用語與內容為主。

Unit **19-1**
海上保險業務

(一)海上保險的概念與種類

　　海上保險簡稱水險,是以與海水運輸有關的財產、利益或責任,作為保險標的之一種保險,主要種類包括:1.產物保險 (國際貨物運輸);2.責任保險,如產品責任保險 (Products Liability Insurance);3.信用保險,如出口信用保險 (Export Credit Insurance)。中國在 1999 年正式對機電產品辦理出口信用保險,要求:1.D/P、D/A、O/A 條件;2.全部或大部分由本國製造的產品;3.承保的風險為商業信用風險和政治風險;4.暫時以短期出口信用保險為主。

　　人身保險,保障相關運輸人員的人身安全。

(二)海上保險合同的定義與性質

　　1.定義:由保險人與被保險人訂立協議,由被保險人向保險人支付約定的保險費,而在保險標的由於發生承保範圍內的海上風險遭受損失時,由保險人對被保險人給予賠償的合同。

　　2.性質:是一種補償合同 (Contract of Indemnity),即當損失發生時,由保險人負責賠償;保險人只付金錢賠償責任,而不負責使保險標的物恢復原狀或歸還原物的責任。

(三)海上保險的風險與除外

　　保險單所列的承保風險 (海上風險),包括:海上災難、火災、投棄以及船長和船員的不法行為。

　　以附加條款形式加保的風險 (一般風險),其中包括附加險和特別附加險只能在投保了主要險別後,才能加保附加險。一般附加險均包括在一切險中。

　　除外責任包括被保險人的惡意行為、貨物本身內在缺陷、自然損失、蟲蛀鼠咬、延期。如果貨物由於延遲運抵目的地而遭到貨價下跌的損失,或因航期延長而腐爛變質,除非保險單另有約定,保險人不負賠償責任。

　　損失類別:1.貨物本身損壞或滅失的損失;2.為營救貨物而支出的費用損失;3.損失分為全部損失和部分損失,全部損失包括實際全損和推定全損;部分損失包括共同海損和單獨海損。

(四)海上(運輸)保險的投保時間

　　1.合同應在保險事故尚未發生時訂立,如果保險事故已經發生,就不能投保。

　　2.在國際貿易中,當貨物在裝運前或在裝運時,賣方或買方就應立即投保海上貨物運輸保險。

　　3.如以 CIF 條件成交,應由賣方投保,FOB 由買方自行投保。

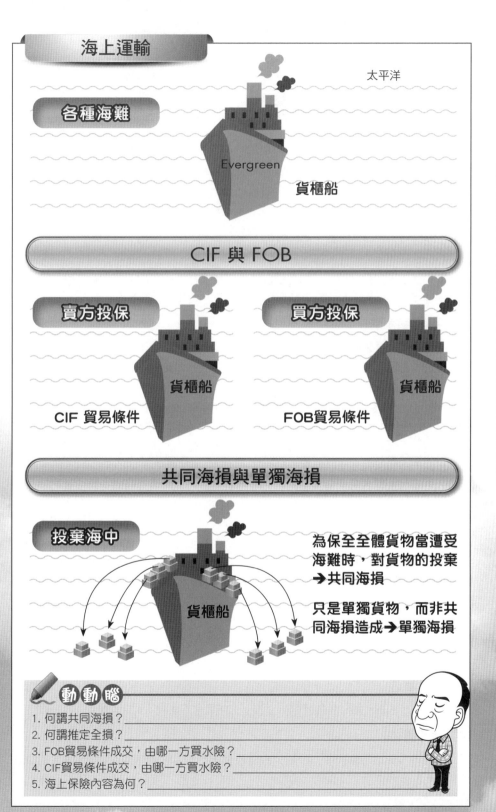

海上運輸

各種海難

太平洋

Evergreen

貨櫃船

CIF 與 FOB

賣方投保

貨櫃船

CIF 貿易條件

買方投保

貨櫃船

FOB貿易條件

共同海損與單獨海損

投棄海中

貨櫃船

為保全全體貨物當遭受海難時，對貨物的投棄 **➔共同海損**

只是單獨貨物，而非共同海損造成**➔單獨海損**

動動腦

1. 何謂共同海損？＿＿＿＿＿＿＿＿＿＿＿＿＿＿＿＿＿＿＿＿
2. 何謂推定全損？＿＿＿＿＿＿＿＿＿＿＿＿＿＿＿＿＿＿＿＿
3. FOB貿易條件成交，由哪一方買水險？＿＿＿＿＿＿＿＿
4. CIF貿易條件成交，由哪一方買水險？＿＿＿＿＿＿＿＿
5. 海上保險內容為何？＿＿＿＿＿＿＿＿＿＿＿＿＿＿＿＿

Unit 19-2
火災保險業務

　　火災保險 (Fire Insurance)，簡稱火險，是指以存放在固定場所並處於相對靜止狀態的財產物資為保險標的，由保險人承擔保險財產遭受保險事故損失之經濟賠償責任的一種財產保險。

(一)主要特點

　　1.保險標的存在於陸地，相對靜止。

　　2.保險標的存放地址不得隨意變動，變動則影響保險合同效力。

　　3.可保風險非常廣泛，包括各種自然災害和多種意外事故。存在多種附加險，如附加利潤損失保險和附加盜竊風險保險等，覆蓋了大部分可保風險。

(二)主要種類

　　1.財產保險基本險：財產保險基本險，是以企事業單位、機關團體等的財產物資為保險標的，由保險人承擔被保險人財產所面臨的基本風險責任之財產保險，它是團體火災保險的主要險種之一。

　　根據財產保險基本險條款，該險種承擔的保險責任，包括：1.火災；2.雷擊；3.爆炸；4.飛行物體和空中運行物體的墜落；5.被保險人擁有財產所有權的自用之供電、供水、供氣設備因保險事故遭受破壞，引起停電、停水、停氣以及造成保險標的之直接損失，保險人亦予以負責；6.必要且合理的施救費用。

　　2.財產保險綜合險：財產保險綜合險也是團體火災保險業務的主要險種之一，它在適用範圍、保險對象、保險金額的確定和保險賠償處理等內容上，與財產保險基本險相同，不同的只是保險責任較財產保險基本險有擴展。根據財產保險綜合險條款規定，保險人承保該種業務時所承擔的責任，包括：(1) 火災、爆炸、雷擊；(2) 暴雨；(3) 洪水；(4) 颱風；(5) 暴風；(6) 龍捲風；(7) 雪災；(8) 雹災；(9) 冰凌；(10) 泥石流；(11) 崖崩；(12) 突發性滑坡；(13) 地面突然塌陷；(14) 飛行物體及其他空中運行物體墜落。

　　3.家庭財產保險：家庭財產保險是城鄉居民家庭或個人的火災保險。家庭財產保險的特點在於投保人是以家庭或個人為單位，業務分散、額小量大，風險結構以火災、盜竊等風險為主。

(三)保險責任

　　1.火災及相關危險；2.各種自然災害；3.有關意外事故；4.施救費用。

(四)除外責任

　　1.戰爭、軍事行動或暴力行為、政治恐怖活動；2.核子汙染；3.被保險人的故意行為；4.各種間接損失；5.因保險標的本身缺陷、保管不善而致的損失，以及變質、黴爛、受潮及自然磨損等。

失火

火災保險種類

主要為
失火導致
損失

→ 企業公司財產保險基本險

→ 財產保險綜合險

→ 家庭財產保險

除外事故

1.戰爭

2.核子汙染

3.被保險人故意縱火

4.其他

 動動腦

1. 財產火災保險主要特點為何？＿＿＿＿＿＿＿＿＿＿＿＿＿
2. 財產火險除外責任有哪些？＿＿＿＿＿＿＿＿＿＿＿＿＿＿
3. 財產火險種類有哪些？＿＿＿＿＿＿＿＿＿＿＿＿＿＿＿＿

Unit 19-3
汽車保險業務

汽車保險，在國內稱為車損險。車損險是指被保險人或其允許的駕駛員在駕駛保險車輛時，發生保險事故而造成保險車輛受損，保險公司在合理範圍內予以賠償的一種汽車商業保險。

(一)責任範圍

被保險人或其允許的駕駛人員在使用保險車輛過程中，因下列原因造成保險車輛的損失時，保險人負責賠償：

1.碰撞、傾覆、墜落。

2.火災、爆炸、自燃 (須另投自燃險)。

3.外界物體墜落、倒塌。

4.暴風、龍捲風。

5.雷擊、雹災、暴雨、洪水、海嘯。

6.地陷、冰陷、崖崩、雪崩、泥石流、滑坡。

7.載運保險車輛的渡船遭受自然災害 (只限於有駕駛人員隨車照料者)。

發生保險事故時，被保險人為防止或者減少保險車輛的損失，所支付之必要的、合理的施救費用，由保險人承擔，最高不超過保險金額的數額。

(二)責任免除

1.地震不賠：遵循了大部分財產保險都不保地震險責任的慣例，在覆蓋了大多數自然災害之後，車險條款中也剔除了地震。一直以來，保險公司對地震險業務向來小心翼翼。由於缺少資料和經驗，保險監管部門也不鼓勵保險公司承保。

2.精神損失不賠：大部分保險條款會有類似的規定，保險公司缺乏針對精神傷害的定損標準，因保險事故引起的任何有關精神賠償，視為責任免除。

3.酒後駕車、無照駕駛、未年檢不賠：在上述情況下，司機並不具備上路行駛的資格，嚴重違反交通法規。此外，如果駕駛員與准駕車型不符、實習期上高速公路等情形，保險公司也會拒絕賠付。

4.發動機進水後再啟動，造成損壞不賠：保險公司認為，車輛行駛到水深處，發動機熄火後，如果司機又強行打火造成損壞，屬於操作不當造成的，不在賠償範圍之內。

5.部分零件被偷不賠：保險公司通常規定「非全車遭盜搶，僅車上零部件或附屬設備被盜竊、被搶劫、被搶奪、被損壞」為除外責任。

6.爆胎不賠：汽車輪胎單獨損壞，保險公司不予以賠償。但因輪胎爆裂而引起的碰撞、翻車等事故，造成車輛其他部位的損失，保險公司會負責賠償。

車禍事故

車毀可由汽車保險賠償

車毀

碰撞

一般事故

被偷

雷擊

地陷

除外事故

(1)地震不賠

(2)精神損失

(3)酒後駕車

(4)發動機進水後再啟動

(5)部分零件被偷

(6)爆胎

 動動腦

1. 汽車事故的責任，汽車損失保險賠嗎？ （ ）不賠 （ ）賠。
2. 汽車損失險責任為何？ _____
3. 列舉三種除外事故。 _____

Unit 19-4
陸空保險業務

(一)內陸運輸險

本保險依照如下所述之條文及除外責任，承保內陸運輸基本險或內陸運輸一切險：

1.內陸運輸基本險

本保險承保運輸途中，由於下列風險所引致的保險標的物之損毀或滅失：(1) 火災或爆炸；(2) 地震、海嘯、雷電、冰雹、暴雨、洪水、颶風、龍捲風或颱風；(3) 地陷、山崩、滑坡、泥石流或隧道、碼頭坍塌；(4) 陸上運輸工具之傾覆、出軌或碰撞；(5) 船舶之擱淺、觸礁、沉沒或碰撞；(6) 裝卸或轉載過程中的意外事故。

2.內陸運輸一切險

本保險承保運輸途中，由於意外所引致的保險標的物之物質性損毀或滅失。

(二)航空貨運險

本保險分為航空運輸險和航空運輸一切險兩種。

1.航空運輸險

本保險負責賠償：(1) 被保險貨物在運輸途中遭受雷電、火災、爆炸或由於飛機遭受惡劣氣候或其他危難事故而被拋棄，或由於飛機遭碰撞、傾覆、墜落或失蹤意外事故所造成全部或部分損失；(2) 被保險人對遭受承保責任內危險的貨物採取搶救，防止或減少貨損的措施而支付合理費用，但以不超過該批被救貨物的保險金額為限。具體而言，由於下列保險事故造成保險貨物的損失，保險人負賠償責任：

(1) 火災、爆炸、雷電、冰雹、暴風、暴雨、洪水、海嘯、地陷、崖崩；(2) 因飛機遭受碰撞、傾覆、墜落、失蹤 (在三個月以上)，在危難中發生卸載以及遭受惡劣氣候或其他危難事故發生拋棄行為所造成的損失；(3) 因受震動、碰撞或壓力而造成破碎、彎曲、凹扁、折斷、開裂的損失；(4) 因包裝破裂致使貨物散失的損失；(5) 凡屬液體、半流體或者需要用液體保藏的保險貨物，在運輸途中因受震動、碰撞或壓力致使所裝容器 (包括封口) 損壞發生滲漏而造成的損失，或用液體保藏的貨物因液體滲漏而致保藏貨物腐爛的損失；(6) 遭受盜竊或者提貨不著的損失；(7) 在裝貨、卸貨時和港內地面運輸過程中，因遭受不可抗力的意外事故及雨淋所造成的損失。

在發生責任範圍內的災害事故時，因施救或保護保險貨物而支付的直接合理費用，但最高以不超過保險貨物的保險金額為限。

2.航空運輸一切險

除包括上列航空運輸險責任外，本保險還負責被保險貨物由於外來原因所致的全部或部分損失。

內陸運輸險

水路-江	長江
陸路	臺北　高速公路　高雄
水路-湖	帆船　洞庭湖

上述運輸過程發生的風險，保險公司賠償保險事故導致的損失。

航空貨運險

美國　貨機

日本　貨機

中國　貨機

上述航空運輸過程發生的風險，保險公司賠償保險事故導致的損失。

桃園國際機場

動動腦

1. 何謂內陸運輸保險？_____
2. 何謂航空運輸保險？_____
3. 何謂航空運輸一切險？_____

Unit 19-5
保證保險業務

保證保險是被保證人根據權利人的要求，投保自己信用的一種保險。

(一)合同保證保險

1.責任範圍：(1) 合同保證保險根據工程承包合同內容來確定保險責任，一般僅以承包人對工程所有人承擔經濟責任為限；(2) 保險人賠償的數額，也以工程合同中規定的承包人應賠償的數額為限；(3) 此外，合同保證保險的保險金額，一般不超過工程總造價的 80% 為限。

2.除外責任：不屬於承包人方面的原因所造成工期延誤損失，保險人不負賠償責任，例如：因人力不可抗拒的自然災害，或者工程所有人提供的設備材料不能如期運抵工地等原因，造成工期延誤。

(二)忠實保證保險

1.責任範圍：對於雇主因雇員的不誠實行為而遭受的直接經濟損失，保險人在下列條件下履行賠償責任：(1) 雇員的不誠實行為發生在保險期間內；(2) 雇員的不誠實行為發生在其受僱期間 (該期間連續未中斷)；(3) 雇員的不誠實行為發生在其從事僱傭工作的過程中，即與其職業或職責有關。但是，由於雇員的不誠實行為不易立即發現，所以本保險對雇員的不誠實行為規定了一個發現期。

2.責任人免除：(1) 因雇主擅自減少雇員工資待遇或加重工作任務，而導致雇員不誠實行為所帶來的損失；(2) 雇主沒有按照安全預防措施和盡責監督檢查，而造成任何錢物損失；(3) 雇主及其代理人和雇員惡意串通，而造成損失；(4) 超過索賠期限仍未索賠者

(三)產品保證保險

1.保險責任：(1) 使用者更換或修理有品質缺陷的產品，所蒙受的損失和費用；(2) 賠償使用者因產品品質不符合使用標準而喪失使用價值的損失和由此引起的額外費用，如運輸公司因汽車銷售商提供的汽車品質不合格所引起的停業損失，和繼續營業而臨時租用他人汽車所支付的租金等；(3) 被保險人根據法院的判決或有關政府當局的命令，收回、更換或修理已投放市場的存有缺陷產品，所承受的損失和費用。

2.不保事項：(1) 用戶或他人故意行為或過失或欺詐引起損失；(2) 用戶不按產品說明書或者技術操作規定使用產品，或者擅自拆卸產品而造成的產品本身損失；(3) 屬於製造商、銷售商或修理商保修範圍內的損失；(4) 產品在運輸中，因外部原因造成的損失或費用；(5) 因製造或銷售產品的缺陷，而致他人人身傷亡的醫療費用和住院護理等其他費用或其他財產損失。

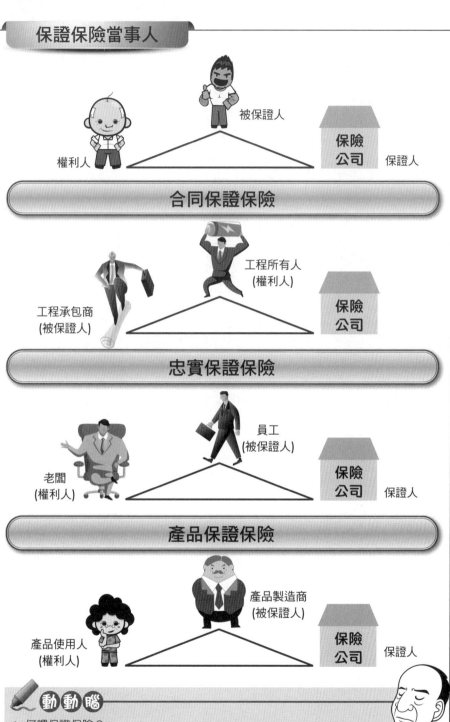

保證保險當事人

被保證人
保險公司 保證人
權利人

合同保證保險

工程所有人
（權利人）
保險公司
工程承包商
（被保證人）

忠實保證保險

員工
（被保證人）
保險公司 保證人
老闆
（權利人）

產品保證保險

產品製造商
（被保證人）
保險公司 保證人
產品使用人
（權利人）

動動腦

1. 何謂保證保險？＿＿＿＿＿＿＿＿＿＿＿＿＿＿＿＿＿＿＿
2. 何謂合同保證保險？＿＿＿＿＿＿＿＿＿＿＿＿＿＿＿＿＿
3. 何謂忠實保證保險？＿＿＿＿＿＿＿＿＿＿＿＿＿＿＿＿＿
4. 何謂產品保證保險？＿＿＿＿＿＿＿＿＿＿＿＿＿＿＿＿＿

第 20 章

人身保險業務

● ●章節體系架構

Unit 20-1
人壽保險業務

(一)死亡保險

死亡保險就是僅在被保險人死亡發生時，由保險公司依保險契約所約定的金額，給付保險金的保險。死亡保險可分為定期保險及終身保險，分述如下：

1.定期保險：所謂定期保險是指在保險契約中，訂立一定期間為保險期間，當被保險人在保險期間內死亡，保險公司負給付保險金的責任；若保險期間屆滿，被保險人仍然生存，則保險契約終止。

2.終身保險：保險契約約定以被保險人終身為保險期間，死亡發生時保險公司依照契約約定金額立即給付保險金，稱為終身保險。換句話說，除非應繳保險費不繳，而使契約失效或是保戶本身解除契約，任何被保險人自契約訂立之日起，終身保險將提供終身的保險，不管於任何時刻被保險人發生死亡，保戶遺族或是指定的受益人都會獲得保險金的給付。

以多數被保險人中之第一人死亡發生時給付保險金者，稱為連生終身保險。例如：以夫妻同為被保險人，彼此互為受益人或以子女為受益人，當先生死亡時，由妻子領取保險金。當妻子死亡時，由先生領取保險金。夫妻同時死亡時，其子女為受益人。

(二)生存保險

生存保險是以被保險人於保險期間屆滿仍然生存時，保險公司依照契約所約定的金額給付保險金；本保險與死亡保險之不同，在於保險金的給付是以生存為給付條件。 生存保險僅在被保險人於保險期滿後仍生存時給付保險金，如於保險期間內死亡，保險公司無給付保險金的責任，且所繳保險費不予退還。

(三)生死合險

保險契約約定以被保險人於保險期間內死亡或於保險期間屆滿仍生存時，保險公司依照契約所約定金額給付保險金者稱為生死合險，又稱為養老保險。換句話說，除非應繳保險費不繳，而使契約失效或是保戶提前解約，否則在所約定的保險期間內被保險人發生死亡，保險公司應依照契約約定給付死亡保險金；保險期滿被保險人生存，保險公司也應依照契約約定給付生存保險金。

(四)其他給付

1.重大疾病給付：目前在市場上所販賣的附加重大疾病保險，主要是針對癌症、心肌梗塞、冠狀動脈繞道手術、中風、慢性腎衰竭、重大器官移植、癱瘓等方面提供保障，保戶一旦罹患上述重大疾病，依照保險契約之約定範圍可領取一筆保險金，以作為醫療補助。

2.生前給付：即被保險人在經醫師診斷因疾病或傷害致其生命經判斷不足六個月時，可以提前申請領取保險金。目前生前給付多以附加契約或附加條款之型態，附加於主契約上。

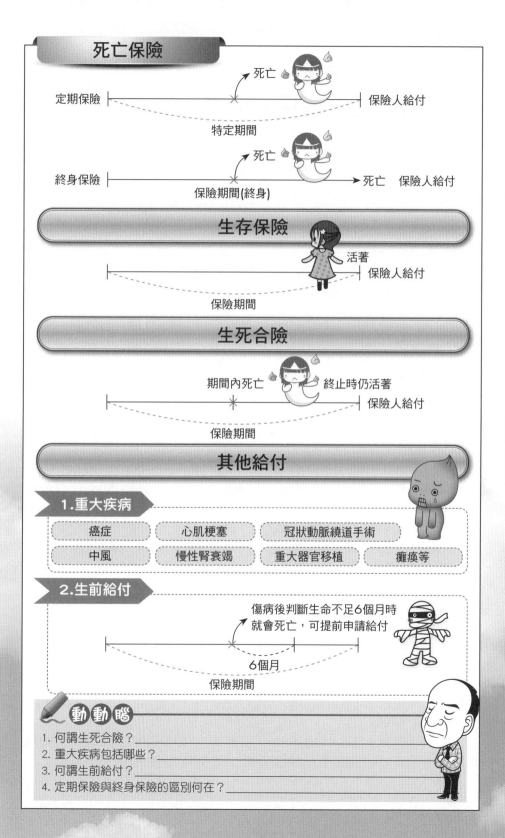

死亡保險

定期保險 ———————— 死亡 ———————— 保險人給付

特定期間

終身保險 ———————— 死亡 → 死亡 保險人給付

保險期間(終身)

生存保險

———— 活著 ———— 保險人給付

保險期間

生死合險

期間內死亡 終止時仍活著 保險人給付

保險期間

其他給付

1.重大疾病

| 癌症 | 心肌梗塞 | 冠狀動脈繞道手術 |

| 中風 | 慢性腎衰竭 | 重大器官移植 | 癱瘓等 |

2.生前給付

傷病後判斷生命不足6個月時就會死亡,可提前申請給付

6個月

保險期間

✏️ 動動腦

1. 何謂生死合險?_____

2. 重大疾病包括哪些?_____

3. 何謂生前給付?_____

4. 定期保險與終身保險的區別何在?_____

Unit **20-2**
健康與傷害保險業務

(一)健康保險

疾病或傷害使人們導致下列兩種經濟上的損失：

第一、由於失去了工作能力所造成的收入損失。

第二、由於藥物、住院、看護、手術及各項雜費的醫療、醫藥開銷。

健康保險就是於保險期間內，被保險人因病發生上述兩種經濟損失時，給付保險金以彌補經濟損失的保險。

至於失能的定義，被保險人在保險契約有效期間內遭受傷害或罹患疾病，經醫師診治後，依照被保險人當時的身體狀況有下列各款情事之一者，謂之失能：

1.事故發生日或免責期屆滿次日起算，一定期間內不能繼續從事其原來之工作。

2.事故發生日或免責期屆滿次日起算，不能從事任何工作。

3.事故發生日或免責期屆滿次日起算一定期間後，不能從事依其教育程度、技能訓練或經驗所從事之工作。

4.「原來工作」係指保險事故發生前，被保險人最近一次所從事獲致報酬之工作。

(二)傷害保險

人們愈來愈覺得由於意外傷害所遭受之生命財產的損失，有加以保障的必要。於是有些壽險公司單獨發售意外傷害保險，或用附加方式附加於普通壽險販賣，以因應社會大眾的需求。一般而言，傷害保險可分為：

1.個人傷害保險

被保險人在保險期間內，因遭遇意外傷害事故，致其身體蒙受傷害，而致殘廢或死亡時，依照契約約定，給付保險金。

我國目前對殘廢的程度分成六級二十八項，第一級為全殘廢，給付保險金額百分之百，第二、三、四、五、六級分別按百分之七十五、百分之五十、百分之三十五、百分之十五、百分之五給付保險金。

2.傷害失能保險

在保險期間內，因意外傷害造成無法工作之失能補償，依照被保險人傷害程度，在失去工作能力帶來收入損失方面予以各種補償 (如年補償金、月補償金、週補償金等)。

3.旅行平安保險

旅行平安保險是因應人們從事國內、外旅遊，保障旅行期間因遭遇意外傷害事故，致其身體蒙受傷害需醫療，或因而殘廢、死亡時給付保險金。

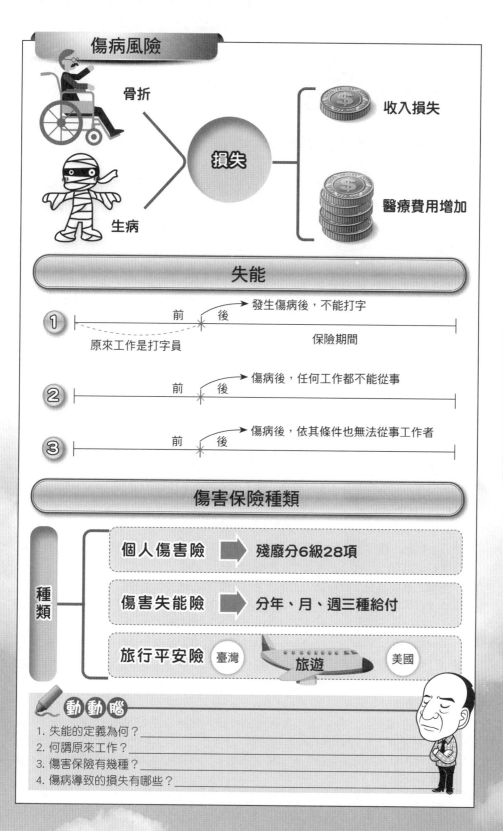

傷病風險

骨折

生病

損失

收入損失

醫療費用增加

失能

① 前　後　發生傷病後，不能打字
原來工作是打字員　　　　保險期間

② 前　後　傷病後，任何工作都不能從事

③ 前　後　傷病後，依其條件也無法從事工作者

傷害保險種類

種類

個人傷害險　➡　殘廢分6級28項

傷害失能險　➡　分年、月、週三種給付

旅行平安險　臺灣　旅遊　美國

動動腦

1. 失能的定義為何？_____
2. 何謂原來工作？_____
3. 傷害保險有幾種？_____
4. 傷病導致的損失有哪些？_____

Unit **20-3** 年金保險業務

(一)臺灣地區年金保險發展的背景

1.高齡化社會的到來

(1) 死亡率降低；(2) 平均壽命延長；(3) 老年人口增加；(4) 未來人口結構的預估。根據行政院經建會的估計，臺灣地區未來人口老化程度將逐漸加深，至 2000 年六十五歲以上人口占總人口比例達百分之八‧四；2011 年時提高為百分之九‧九；至 2036 年預期人口零成長時，則將達百分之二十‧〇五。

2.家庭結構的改變。

3.就業結構的改變：(1) 產業人口的變化；(2) 勞動參與率的變化。

4.國民所得提升及高齡者經濟狀況：(1) 物價與工資之上升；(2) 高齡者所得偏低。

5.年金保險趨勢的形成。

(二)年金保險的意義與種類

1.年金與年金保險的意義

年金的意義，通常將其界定為：「年金係保險人承諾在被保險人生存期間或一特定期間內，支付定期給付契約金額的一種契約」。或「對個人在特定期間或生存期間，繼續提供定期性給付金額的制度或契約」。

2.年金保險的種類

年金保險可分為「社會年金保險」與「商業性年金保險」。

(1) 社會年金保險

社會年金保險的種類，除依保險事故別而分為老人年金、殘廢年金及遺屬年金三種外，對此三種年金給付水準的處理與規劃，又可依其保障程度及職等別而有所謂「基礎 (基本) 年金」與「附加年金」的設計。

所謂「基礎年金」或稱為「基本年金」，簡單的說，係指政府為保障國民於老年退休或達到一定年齡時，對於符合給付條件者所提供其基本經濟生活安全的一種年金型態，其保險事故除老人年金外，亦適用於殘廢及遺屬等事故。

而「附加年金」係指在社會年金保險中除提供老人基礎年金外，並按被保險人投保薪資及保險年資等因素訂定所得比例給付制度，以維持受僱勞工較適當的老年生活水準，或依被保險人扶養眷屬加給其年金額等，有老人年金、殘廢年金及遺屬年金。

(2) 商業性年金保險

商業性年金保險，則屬於人身保險的一種。保險法第135條之1規定：「年金保險人於被保險人生存期間或特定期間內，依照契約負一次或分期給付一定金額之責。」主要也是在保障被保險人存活較長所產生之經濟風險，如養老、老年看護、退休後喪失收入等。

高齡社會概念

65歲以上
老年人 ÷ 全國總人口 = 6.5%以上時

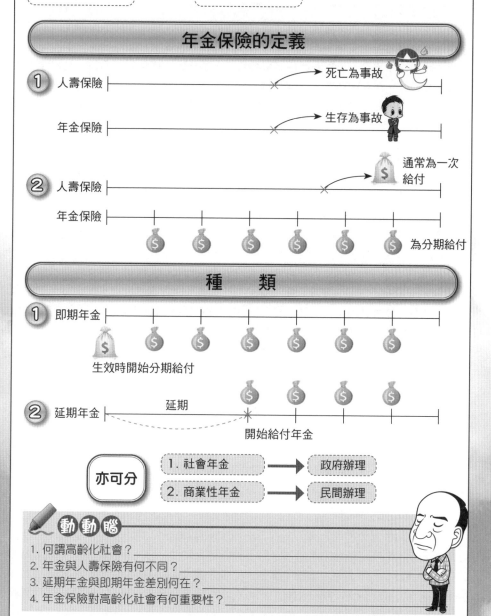

年金保險的定義

① 人壽保險 ——————×——→ 死亡為事故

　　年金保險 ——————×——→ 生存為事故

② 人壽保險 ——————×——→ 通常為一次給付

　　年金保險 —|—|—|—|—|—|— 為分期給付

種　類

① 即期年金 —————————
生效時開始分期給付

② 延期年金 |——延期——×—————
開始給付年金

亦可分
1. 社會年金 ——→ 政府辦理
2. 商業性年金 ——→ 民間辦理

✎ 動動腦

1. 何謂高齡化社會？＿＿＿＿＿＿＿＿＿＿＿
2. 年金與人壽保險有何不同？＿＿＿＿＿＿＿
3. 延期年金與即期年金差別何在？＿＿＿＿＿
4. 年金保險對高齡化社會有何重要性？＿＿＿

Unit 20-4
團體保險業務

(一)團體保險與個人保險

　　團體保險與個人保險比較時，突顯了四種主要特性：第一、團體之風險選擇與個人之風險選擇不同。團體保險中，風險選擇之對象為一個團體 (Group)。實務上，團體保險並不需要體檢和可保證明書，此有別於個人保險。第二、一張團體保險單可保障許多人。團體保險契約是保險人和要保人 (團體) 間契約，而非保險人和被保險人之間的契約。換言之，企業團體是保單持有人，被保險人僅持有保險證。被保險人的人數是多數，此亦有別於個人保險。第三、成本低、保障高。團體保險由於風險分散和集體作業之結果，成本較低。第四、團體保險的保險費以經驗費率為主，此亦有別於個人保險。依團體的賠款實績，調整保費有助於公司財務。

(二)團體保險的類別

　　第一類是團體人壽保險 (Group Life Insurance)。團體人壽保險主要是針對被保險人死亡給付之保險。它又可分為兩種：第一種是團體定期人壽保險 (Group Term Life Insurance)，它是簽發給雇主、債權人、工會、協會和其他合格團體的一年更新定期團體保險契約。第二種是團體長期人壽保險 (Group Permanent Life Insurance)，比較常見的是團體繳清保險 (Group Paid Up Insurance) 和平衡保費團體長期保險 (Level Premium Group Permanent Insurance)。團體人壽保險亦可依被保團體 (Group Insured) 之性質，分為雇主團體壽險、協會團體壽險、聯邦員工團體壽險等。還有一種所謂的集團人壽保險 (Whole Sale Life Insurance)，它具有許多團體人壽保險之特性，但其本質仍是個人保險。

　　第二類是團體健康保險 (Group Health Insurance)。團體健康保險大致上可分為：第一、團體工作能力喪失收入保險 (Group Disability Income Insurance)，它提供長期和短期給付，補償由於工作能力喪失所致之收入損失。第二、團體醫療費用保險 (Group Medical Expense Insurance)，它係提供由於傷害和疾病所發生醫療費用保障之保險。第三、團體意外死亡和肢眼缺失保險 (Group Accidental Death & Dismemberment Insurance)，它係提供由於意外所致之死亡和肢眼缺失的保險。還有一種所謂的集團健康保險 (Franchise Health Insurance)，它亦具有許多團體健康保險之特性，但本質上是個人健康保險。

(三)團體保險的特徵

　　團體保險的基本特徵，可分為五方面加以說明：第一、須合格團體；第二、投保人數有限制；第三、給付須考慮被保險人的所得、職位、服務年資等因素，應用得最廣的係依據員工的所得來決定的；第四、保費分攤，團體保險費之繳納方式有二：一為雇主全部負擔保險費；另一由雇主和員工共同負擔保險費；第五、團體風險選擇與個人之風險選擇是不同的。

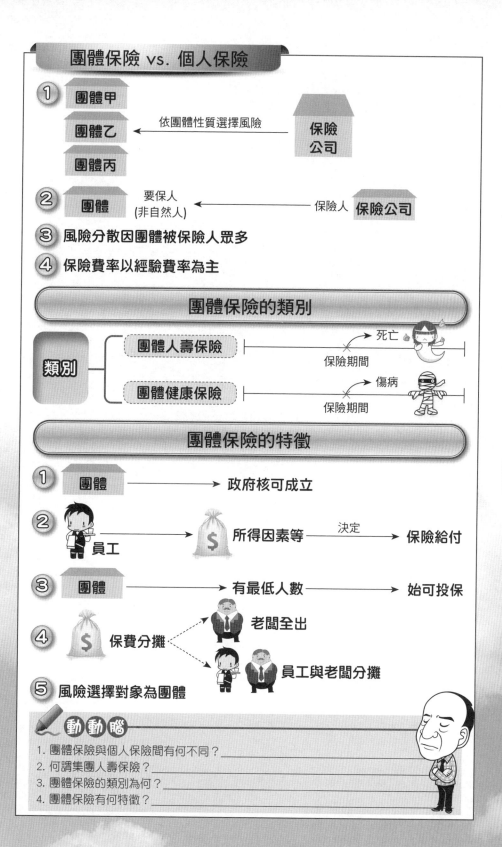

團體保險 vs. 個人保險

① 團體甲
　　團體乙　　←　依團體性質選擇風險　　保險公司
　　團體丙

② 團體　　要保人(非自然人)　　←　保險人　保險公司

③ 風險分散因團體被保險人眾多

④ 保險費率以經驗費率為主

團體保險的類別

類別　┬─ 團體人壽保險 ├─→ 死亡　保險期間
　　　└─ 團體健康保險 ├─→ 傷病　保險期間

團體保險的特徵

① 團體　──→　政府核可成立

② 員工　──→　所得因素等　─決定→　保險給付

③ 團體　──→　有最低人數　──→　始可投保

④ 保費分攤　┬─→ 老闆全出
　　　　　　└─→ 員工與老闆分攤

⑤ 風險選擇對象為團體

動動腦

1. 團體保險與個人保險間有何不同？＿＿＿＿＿＿＿＿＿＿＿＿
2. 何謂集團人壽保險？＿＿＿＿＿＿＿＿＿＿＿＿＿＿＿＿＿＿
3. 團體保險的類別為何？＿＿＿＿＿＿＿＿＿＿＿＿＿＿＿＿＿
4. 團體保險有何特徵？＿＿＿＿＿＿＿＿＿＿＿＿＿＿＿＿＿＿

第21章

企業員工福利計畫

•••••••••••••••••••••••••• 章節體系架構 ▼

Unit **21-1**
雇主員工福利計畫的涵義與目標

(一)員工福利的涵義

員工福利的涵義，折衷的看法是把員工福利項目視為雇主所有補償 (Total Compensation) 計畫方案中的一部分。雇主所有的補償方案可概分為五大類：第一類是直接工資，它是屬於基本補償 (Base Compensation)；第二類是個別員工的婚、喪、病假等，以及其他與基本補償有關的福利支出 (Personnel Practices and Other Employee Payments related to Base Compensation)；第三類是當年度的獎金支出 (Current Incentive Compensation)；第四類是間接和遞延性補償計畫 (Indirect and Deferred Compensation Plans)；第五類是特別的額外津貼支出 (Executive Perquisites)。

所謂員工福利是指第四類的間接和遞延性補償計畫，該計畫包括八個員工福利項目：第一項是人壽及意外傷害保險 (Life and Accident Insurance Coverage)；第二項是醫療費用給付 (Medical Expense Benefits)；第三項是工作能力喪失收入給付 (Disability Income Benefits)；第四項是退休計畫 (Retirement Programs)；第五項是股權計畫 (Stock Plans)；第六項是財產及責任保險 (Property and Liability Insurance Coverages)；第七項是失業計畫 (Unemployment Plans)；第八項是其他給付計畫 (Other Benefit Plans)，例如：個人理財顧問資訊服務等。這八個項目在範圍上，較美國社會安全局對員工福利範圍的認定為廣，但較美國商會的看法為窄。

(二)員工福利設計的目標

設立員工福利計畫時，確立適切的目標是相當重要的事。否則，後遺症極大。在目標不適切下，員工既得的福利項目，事後要將其消除，那必是難上加難。為免除此種困難且又能滿足雇主利益和法令要求，適切目標的確立應審慎考慮。員工福利設計的目標，可分為一般目標和特定目標兩類：

第一類是一般目標，一般目標包括如何依公司行業別，確立公司薪資補償的水準及策略，以及如何依員工需求或依補償所得的觀點，訂定員工福利給付水準。就後者而言，若採補償所得立場 (Compensation-Oriented)，則員工福利給付水準應與薪資水準齊一；若採員工需求立場 (Needs-Oriented)，則員工福利給付水準與薪資水準無關；或兼採兩者，訂定員工福利給付水準。

第二類是特定目標，設立員工福利計畫應完成的特定目標，包括：1. 維持給付水準之適切性；2. 保持員工福利方案之競爭性；3. 維持給付項目間之一致性；4. 適切搭配政府舉辦之福利項目，不要重複；5. 安定員工心理；6. 激勵生產力的提升；7. 完成人事增員之目標；8. 能達成成本之控制；9. 達成行政處理之簡化；10. 滿足法令之要求；11. 滿足員工之需要和願望。

雇主補償計畫

補償

1. 直接工資

2. 員工婚、喪、病假等

3. 年度獎金

4. 間接與遞延補償 (員工福利)

5. 特別津貼

- 人壽及意外傷害險
- 醫療費用給付
- 工作能力喪失收入給付
- 退休計畫
- 股權計畫
- 財產及責任保險
- 失業計畫
- 其他給付計畫

員工福利設計的目標

目標

一般 ── 員工福利給付水準

特定

1. 給付水準的適切性
2. 競爭性
3. 一致性
4. 不重複
5. 安定員工心理
6. 激勵生產力
7. 完成人事目標
8. 達成成本控制
9. 行政簡化
10. 滿足法令
11. 完成員工願望

 動動腦

1. 壽險是否為員工福利項目之一？ (　)是 (　)否
2. 折衷性的員工福利總共有哪八項？_____
3. 員工福利設計的特定目標列舉三項？_____

Unit **21-2**
雇主員工福利計畫的理由

近代雇主設立員工福利計畫的理由，綜合歸納總共有七項如下：

(一) 來自社會和政府的間接壓力 (Social and Indirect Governmental Pressures)

社會對於雇主的壓力，是基於企業的社會責任觀念。政府對於雇主的壓力，則來自社會保險在員工福利中扮演的機能。

(二) 基於對員工福利的關心 (Concern for Employee's Welfare)。

(三) 改善公司經營效能 (Improved Corporate Efficiency)

員工福利計畫的設置，有助於增進公司經營效能與增加利潤，理由有四項：

1. 消除員工之疑慮和恐慌；2. 維持良好的人事交替與暢通的管道；3. 助於降低員工工作的壓力；4. 使員工認識到公司賺錢就是他們賺錢，而產生旺盛的企圖心。

(四) 吸引、留住幹練的員工 (Attracting and Holding Capable Employees)

幹練能力強之員工是公司寶貴的資產，他 (她) 們對公司的貢獻自不待言。尤其在人力市場競爭激烈之環境下，公司如無員工福利或其福利計畫不甚合理，公司不但可能無法招募到新進人員，就連原有員工恐怕也留不住。因此，如何設立良好的員工福利計畫是人事部門和風險管理部門相當重要之課題。當然一個良好的員工福利計畫是否能絕對地留住幹練的員工，乃是見仁見智的問題。然而，可肯定的是良好適切的員工福利計畫，至少可消除員工大部分不滿的情緒，進而為企業效力。同時，透過有效的溝通達成上、下禍福與共之共識，並建立良好的勞資情感，相信留住幹練的員工並非難事。

(五) 稅法的優惠規定 (Favorable Tax Laws)

稅法的優惠規定是雇主設立員工福利計畫最大的誘因。例如：國內所得稅法規定，員工參加員工福利所支付之人身保險費，可從個人所得總額中扣除，每人每年扣除額以不超過新臺幣2萬4千元為限。再如，營利事業所得稅結算申報查帳準則規定，營利事業負擔的勞工保險和團體壽險保費 (儲蓄保險除外) 中，由投保單位予以補助之部分准予核實認定。換言之，即准予作為費用沖帳且無限額之限制。前列規定，能有效誘使雇主設立員工福利計畫。

(六) 基於與勞工磋商的需要 (Demands in Labor Negotiation)

員工福利項目內容，為雇主與工會集體商議 (Collective Bargaining) 範圍的重要部分。例如：美國自 1948 年，全國勞工關係委員會 (National Labor Relations Board) 規定，員工福利計畫需透過集體商議方式制定以來，員工福利的實質內容乃成為工會訴求重點。此種來自工會的壓力，迫使雇主需設立員工福利方案或改善既存的員工福利項目與內容。

(七) 基於團體保險固有的優點 (Inherent Advantages of Group Insurance)。

雇主員工福利計畫的理由

理由

1. 社會、政府壓力

2. 對員工的關心

3. 增進效能
   - 消除恐慌
   - 維持人事暢通
   - 降低工作壓力
   - 產生企圖心

4. 吸引員工

5. 稅法優惠

6. 勞資協商需要

7. 團體保險的優點
   留住人才、分散風險……等

161

動動腦

1. 為何設立員工福利計畫，可增進公司經營效率？_____
2. 設立員工福利計畫的理由，請說明三種。_____

Unit 21-3
雇主員工福利計畫的考慮因素

設計員工福利方案應考慮的因素，說明如下：

(一) 就提供何種給付方面：滿足法定最低要求是最基本的考慮。此外，在考慮成本與負擔能力下，適切增加給付項目和範圍。

(二) 就誰應享有福利方面：需考慮對象不同，享有的福利亦可不同。例如：在職員工家屬可享有哪些福利給付？退休人員和其配偶家屬應否享有？如是，應享受哪些給付項目？

(三) 就員工可享有哪些選擇權方面：允許員工基於自己的需要選擇福利項目，是員工福利發展的一種潮流。然而，其負面的影響亦需思考。員工彈性選擇福利項目所採取的方式有三種：第一種只允許員工做最低要求之選擇，彈性最低。第二種允許員工做更彈性的選擇，但並非完全自由，彈性適中。第三種即所謂「自助餐」(Cafeteria) 式的選擇，彈性最高。

(四) 就員工福利的理財方式方面：享受福利需付出代價，設立福利項目亦需付出成本。員工福利的理財方式有三種：第一種是非釀出式 (Noncontributory)，此種方式由雇主完全支付。第二種是釀出式 (Contributory)，此種方式由雇主和員工按比例共同支付。第三種是由員工支付全部。

(五) 就員工服務年資的認定方面：員工服務年資能影響福利項目種類的多寡，也能影響試保期間 (Probationary Period) 的長短。此外，服務年資也是員工對公司貢獻的一種顯示。同時，服務年資的考慮有助於員工福利計畫的競爭性。試保期間如採保障觀點 (Protection-Oriented)，則宜短，甚至沒有。例如，醫療費用給付等。試保期間如採累積基金觀點 (Accumulation-Oriented)，則宜長。例如：退休年金給付等。

下列四項其他因子，最好也能併入考量：1. 在激勵員工提早退休或正常退休方面，員工福利計畫是否能發揮功效？2. 員工福利和企業利潤間的關聯性為何？3. 福利給付水準要採分離式？抑或齊一式？4. 員工福利所形成的基金，應自行管理 (Self-Funding)，抑或委託保險公司、信託公司來管理？

設立員工福利雖有眾多重要理由，設立時亦需考慮眾多因素。但實際上，設立與不設立間，雇主更應認清楚下列幾點事實：1. 增加員工福利給付，成本也會增加；2. 員工福利成本會因時間產生不確定性；3. 福利項目一旦設立，要取消是相當困難的；4. 假如員工屬於工會組織成員，那麼員工福利計畫設立時，應考慮集體商議時可能之需求；5. 員工可能較喜歡直接工資給付，可能較不喜歡間接或遞延性之員工福利。其次，政府法令規定在正式立法通過前，雇主應透過各項管道，反應意見給立法機關。員工福利應求勞資雙方的互惠，故立法通過前，應充分反映意見。最後，雇主對外界之顧問和經紀公司需慎選，畢竟它們不能完全取代公司內部專業人員之地位。

考慮因素

1.給付什麼

法定項目

雇主訂的項目

2.給什麼福利

給家屬什麼？

給配偶家屬什麼？

3.員工自由選擇

選擇 → 福利1 / 福利2

4.員工出錢嗎？

5.員工工作年資的認定

工作時點？ ──────→ 退休

6.其他考慮

福利增加 $ 成本也增加

成本隨時間會產生不確定性

要取消福利很難

員工工會的要求

員工喜歡什麼福利項目

 動動腦

1. 員工福利的理財方式有哪幾種？＿＿＿＿＿＿＿＿＿
2. 員工工作年資如何認定？＿＿＿＿＿＿＿＿＿
3. 對於員工福利計畫，雇主應詳細考慮哪些因素？＿＿＿＿＿
4. 為何取消既有福利項目很難？＿＿＿＿＿＿＿＿＿

Unit 21-4

退休金成本

影響退休金成本 (Pension Costs) 的因素，主要包括退休計畫型態、退休給付方式、退休給付公式與精算假設。此處，簡要說明如下：

(一) 退休計畫型態

退休計畫 (Retirement Plan)在設計上有兩種型態：一為固定給付型 (Defined Benefit Plan)；另一為定額醵出型 (Defined Contribution Plan)。前者即國內所稱之基數型，後者則稱之為儲蓄型。所謂固定給付型，係在退休金計畫實施前先設立員工到達退休時，應給予的固定給付基數。每一基數之高低，則隨每一員工的服務年資、職位與收入的不同而不同。另一方面，定額醵出型則剛好與固定給付型相反。在定額醵出型下，雇主的醵出額是固定的，員工的退休給付額則隨醵出額之多寡而變動。

(二) 退休金給付方式

退休金給付的方式，基本上有兩種：一為一次給付 (Lump Sum Payment)；另一為按月給付 (Monthly Payment)，俗稱月退。

(三) 退休金給付公式

在固定給付型的退休計畫下，給付公式 (Benefit Formula) 如下：

1.固定金額公式 (Flat Amount Formula)：此一公式之給付方式不考慮員工過去的服務年資、年齡和薪資，而所有員工均給予固定金額之退休金給付。

2.薪資比例公式 (Flat Percentage of Earnings Formula)：此公式係在員工到達退休時，一律依該員工全期平均薪資 (Carrier Average)、或最後平均薪資 (Final Average)、或最後薪資 (Final Pay) 之固定比例，給付退休金。

3.每一年資給予固定金額公式 (Flat Amount Per Year of Service Formula)：此一公式雖反應了年資之長短，但仍未考慮薪資。

4.每一年資給予薪資固定比例公式 (Percentage of Earnings Per Year of Service Formula)：依此公式，依照員工每一服務年資給予全期平均薪資或最後 (平均) 薪資之固定比例的退休金，它同時考慮了服務年資和薪資。

5.變額給付公式 (Variable Benefit Formula)：此一公式乃為因應通貨膨脹維持購買力而設，退休金給付額可按某種指數調整，例如，消費者物價指數。

(四) 精算假設

精算師在固定給付型的退休計畫下，扮演了重要角色。精算師預估退休計畫成本，考慮各項因素時，均應做某些規定或假設，故曰「精算假設」(Actuarial Assumption)，包括：1.死亡假設；2.離職假設；3.殘廢假設；4.退休年齡假設；5.薪資變動假設；6.投資收益假設；7.費用假設。

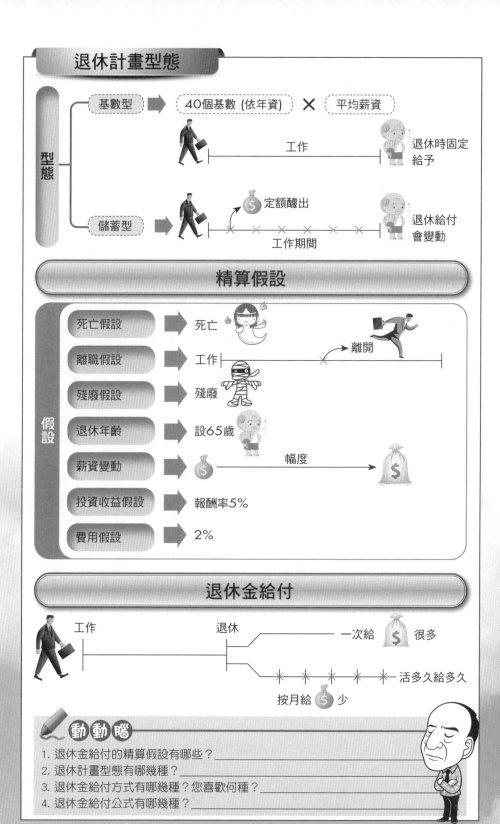

退休計畫型態

型態

基數型 ➡ 40個基數 (依年資) ✕ 平均薪資

工作 ──── 退休時固定給予

儲蓄型 ➡ 定額釀出

工作期間 ──── 退休給付會變動

精算假設

假設

死亡假設 ➡ 死亡

離職假設 ➡ 工作 ── 離開

殘廢假設 ➡ 殘廢

退休年齡 ➡ 設65歲

薪資變動 ➡ $ ── 幅度 ── $

投資收益假設 ➡ 報酬率5%

費用假設 ➡ 2%

退休金給付

工作 ── 退休 ── 一次給 $ 很多

活多久給多久

按月給 $ 少

動動腦

1. 退休金給付的精算假設有哪些？＿＿＿＿＿＿＿＿
2. 退休計畫型態有哪幾種？＿＿＿＿＿＿＿＿＿＿
3. 退休金給付方式有哪幾種？您喜歡何種？＿＿＿＿＿
4. 退休金給付公式有哪幾種？＿＿＿＿＿＿＿＿＿

Unit 21-5
退休基金

(一) 退休基金的理財方式

退休基金的理財方式，有兩大類：一為當期支出法 (Current Disbursement Approach)，又稱隨收隨付方式 (Pay-As-You-Go)；另一為基金提存法 (Funding)。前者，對退休給付視為一般薪資，而從當期營業收入中扣除。此一方式對員工而言，最缺乏保障，因為退休金是否支付需視雇主之意願及財務能力而定。後者，乃在退休金給付日前，儲存一筆基金於雇主以外之第三者或由雇主授權設立分離基金帳戶的一種財務處理方式，此一方式由於退休金債務較能與雇主之財務盛衰隔離，故對員工而言較有保障，此種方式又分為期末提存基金法 (Terminal Funding) 和事前提存基金法 (Advance Funding) 兩種。前者之性質與當期支出方式雷同，故於美國不再列為合格之退休計畫 (Qualified Pension Plan)。至於後者，有可滿足會計上權責發生基礎之要求，配合賦稅優惠之規定與可獲得基金投資收益的優點。所以，事前提存基金法是較理想的財務處理模式。

(二) 預估成本分配

退休基金預估成本的分配，是為了符合會計和賦稅之要求。對退休計畫成本在每一會計年度應有系統的事前提撥累積，俾便員工退休時，有足夠之基金支付退休金，故乃有精算成本法之產生。決定採用何種精算成本法應考慮兩個重要因素：一為正常成本 (Normal Cost)，另一為應計負債 (Accrued Liability)。所謂正常成本係指員工每一服務年資所應提撥之退休金成本，每一種精算成本方法均對應一種正常成本，亦即正常成本會因所採用之精算成本法之不同，而有所不同。至於應計負債是代表退休基金之期望值。以追溯觀點而言，係指評價日以前因過去服務所產生退休給付之現值；以未來觀點而言，係指以評價日為基準，未來退休給付之現值扣除未來正常成本現值之餘額。主要的精算成本方法有：第一，應計給付成本法 (Accrued Benefit Cost Method)；第二，加入年齡正常法 (Entry Age Normal Cost Method)；第三，個別平準保費法 (Individual Level Premium Method)；第四，綜合成本法 (Aggregate Cost Method)。

(三) 退休基金管理與收益

事前提存法為退休基金主要的理財方式，但在管理型態上可分兩類：一為自行提存 (Self-Funding) 之型態；另一為委託第三者提存 (Third-Party Funding) 之型態。投資收益為退休計畫成本之有利減項，因此，退休基金投資收益績效之評估乃成為重要課題。最後，企業如參加同業的合同退休計畫 (Multiemployer Pension Plans) 時，應特別審慎評估。因合同退休計畫一般為集體商議下之結果，它係指兩個或兩個以上在財務上無關聯之雇主為所屬員工合設的退休計畫。在此一計畫下，雙方雇主之釀出金額均集中於一共同基金帳戶，而雙方員工退休時均可從此共同基金帳戶中取得退休給付。同時，員工如從甲雇主處轉任職乙雇主處時，亦不損失其已取得退休金之權利。

退休基金的事前提存基金法

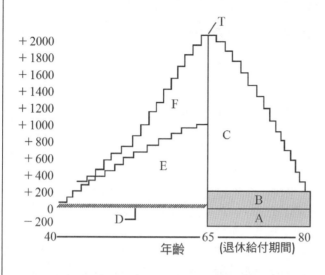

40歲員工，65歲退休
退休給付每年200元，
至80歲(假設)
1. 當期支出方式
   B＝A
   B＝雇主每年支出
   A＝每年退休給付
2. 期末提存基金方式
   T＝一次由雇主提存
   C＝利息
3. 事前提存法
   D＝每年雇主釀出額
   E＝釀出累積額
   F＝投資收益
   E＋F＝T

合同退休計畫

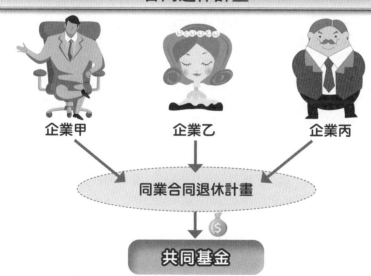

企業甲　　企業乙　　企業丙

同業合同退休計畫

$

共同基金

動動腦

1. 企業退休基金的理財方式有哪些？＿＿＿＿＿＿＿＿＿＿
2. 精算成本法應考慮何種因素？＿＿＿＿＿＿＿＿＿＿＿＿
3. 何謂合同退休計畫？＿＿＿＿＿＿＿＿＿＿＿＿＿＿＿＿
4. 何謂正常成本？＿＿＿＿＿＿＿＿＿＿＿＿＿＿＿＿＿＿
5. 何謂應計負債？＿＿＿＿＿＿＿＿＿＿＿＿＿＿＿＿＿＿

Unit 21-6
員工個人養老與退休

(一) 退休年金與老人經濟問題

退休可視為一個人經濟生命 (Economic Life) 之終結。退休後，如果沒有完善的經濟準備，對個人而言，將可能陷入生活的困境；對社會、國家而言，將可能變為嚴重的社會問題。依據聯合國的解釋，一個國家六十五歲以上人口超過全國總人口的百分之七時，則可稱之為高齡化社會國家，臺灣已是高齡化社會國家。因此，政府對此應有完善的規劃以安定社會。老年經濟問題的背景因素，包括：

1.全球人口老化的趨勢：造成人口老化之主因，為幼兒出生率降低及平均壽命延長，這兩種現象均應歸因於醫療技術進步、公共醫療服務普及與經濟生活水準提高等。

2.產業結構的改變：產業結構的改變，使得人們退休後頓時失去依靠。過去，農業社會裡一切有賴土地，有土斯有財，故人老了經濟上不成問題。但在現今工業社會中，非農業就業人口比例逐年升高，因此老年退休後的經濟問題有普遍升高現象。

3.家庭社會結構的改變：農業社會以大家庭制度為核心，在此種家庭結構下，孝道倫理觀念較為濃厚，退休養老問題不大。但在小家庭為核心的工業社會中，上述情形已不復見。老人可能變為小家庭之包袱，孝道倫理觀念因功利觀念的腐蝕日漸薄弱，退休養老成為大問題。

4.老人就業機會降低：在工業社會中，企業講求的是效率、專業分工。年紀老工作效率自然不及年輕人，因此企業生產線上工作的員工中，老人過多自然對生產效率有所影響，從而大大不利企業生產力之提高。企業基於成本控制、生產力提高和暢通人事管道的立場，設立員工退休制度鼓勵老年人提早退休自屬當然。影響所及，老年人就業機會就不如從前了。

5.不利的經濟趨勢：經濟環境產生的不利因子，如物價飛漲、生活費用高漲、高通貨膨脹率等，將使老年人退休後的經濟問題更加惡化。

(二) 如何準備養老金

員工個人退休時，沒有足夠的經濟準備，個人退休時將面臨財務風險，子女們夠孝順，財務風險就低，否則要事先有所規劃與準備。退休養老規劃的第一步，需知道個人所得替代率。所得替代率就是退休時生活水準與退休前相同，它是平均年所得扣除工作費用與其他費用後除以平均年所得的比例。假設是 60%，那麼退休後每年生活費用就是退休前年平均所得的六成。之後，以平均壽命年齡扣除退休時年齡就是經濟準備的年數，以該年數乘以退休前年平均所得的六成，就是退休後每年的生活費用。退休後醫療費用與旅遊費用需另外計算，計算所得加上生活費用就是退休後生活比較舒適下的財務需求金額。以此金額，想想有何資金來源可滿足它，例如：勞保養老給付就是很主要的資金來源，財務需求金額與資金來源的差額若大於零，要另外設法；若小於零，安心些；若等於零，則謹慎些。

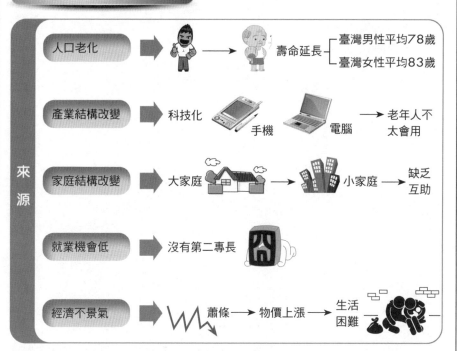

老年經濟問題

來源

- 人口老化 ➡ 壽命延長 ┬ 臺灣男性平均78歲
  └ 臺灣女性平均83歲
- 產業結構改變 ➡ 科技化 手機 電腦 ➡ 老年人不太會用
- 家庭結構改變 ➡ 大家庭 ➡ 小家庭 ➡ 缺乏互助
- 就業機會低 ➡ 沒有第二專長
- 經濟不景氣 ➡ 蕭條 ➡ 物價上漲 ➡ 生活困難

如何準備養老金

| 子女孝順金 | ➡ 不一定都能養兒防老 |

| 自備儲蓄金 | ➡ 儲蓄 ➡ 有風險意識，老年時就有此資金 |

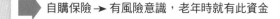
| 商業保險金 | ➡ 自購保險 ➡ 有風險意識，老年時就有此資金 |

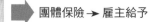
| 企業福利計畫金 | ➡ 團體保險 ➡ 雇主給予 |

| 政府退休金 | ➡ 公保、勞保 ➡ 政府依法給予 |

 動動腦

1. 老人經濟問題從何而來？＿＿＿＿＿＿＿＿＿
2. 個人退休金如何準備？＿＿＿＿＿＿＿＿＿＿
3. 養兒防老可靠嗎？＿＿＿＿＿＿＿＿＿＿＿＿
4. 何種人身保險很適合養老？＿＿＿＿＿＿＿＿
5. 何謂所得替代率？＿＿＿＿＿＿＿＿＿＿＿＿

第 **22** 章

責任保險業務

● 章節體系架構 ▼

鑒於兩岸交流頻繁、國際化的學習，本章以中國大陸保險業務用語與內容為主。

Unit **22-1**
汽車責任保險業務

　　汽車責任險是指保險車輛因意外事故，致使他人遭受人身傷亡或財產直接損失時，保險人依照保險合同的規定給予賠償。它對於維護受害者的合法權益，具有重要作用。

(一)保險責任

　　1.被保險人或其允許的駕駛人員在使用保險車輛過程中發生意外事故，致使第三者遭受人身傷亡或財產直接損毀，依法應當由被保險人承擔的經濟賠償責任，保險人負責賠償。

　　2.經保險人事先書面同意，被保險人因上述原因給第三者造成損害而被提起仲裁或者訴訟者，對應由被保險人支付的仲裁或者訴訟費用以及其他費用，保險人負責賠償；賠償的數額在保險單載明的責任限額以外另行計算，最高不超過責任限額的30%。

(二)不保事項

　　保險車輛造成下列人身傷亡或財產損失，不論在法律上是否應當由被保險人承擔賠償責任，保險人均不負責賠償：

　　1.被保險人及其家庭成員的人身傷亡、所有或代管的財產損失。

　　2.本車駕駛人員及其家庭成員的人身傷亡、所有或代管的財產損失。

　　3.本車上其他人員的人身傷亡或財產損失。

　　此外，下列情事，不論任何原因造成的對第三者的經濟賠償責任，保險人均不負責賠償：

　　1.地震、戰爭、軍事衝突、恐怖活動、暴亂、扣押、罰沒、政府徵用。

　　2.競賽、測試，在營業性維修場所修理、養護期間。

　　3.利用保險車輛從事違法活動。

　　4.駕駛人員飲酒、吸食或注射毒品、被藥物麻醉後使用保險車輛。

　　5.保險車輛肇事逃逸。

　　下列損失和費用，保險人也不負責賠償：

　　1.保險車輛發生意外事故，致使第三者停業、停駛、停電、停水、停氣、停產、通訊中斷的損失以及其他各種間接損失。

　　2.精神損害賠償。

　　3.因汙染(含放射性汙染)造成的損失。

　　4.第三者財產因市場價格變動造成的貶值、修理後因價值降低引起的損失。

　　5.保險車輛被盜竊、搶劫、搶奪，造成第三者人身傷亡或財產損失。

　　6.被保險人或駕駛人員的故意行為造成的損失。

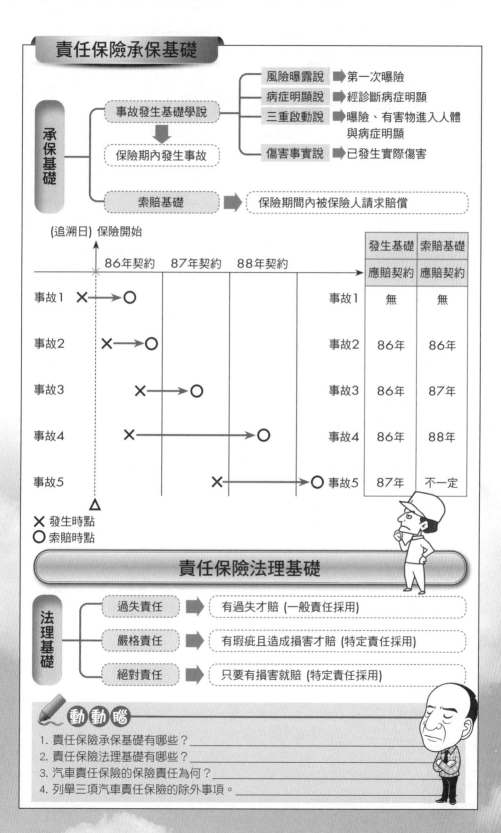

責任保險承保基礎

承保基礎
- 事故發生基礎學說
  - 風險曝露說 ➡ 第一次曝險
  - 病症明顯說 ➡ 經診斷病症明顯
  - 三重啟動說 ➡ 曝險、有害物進入人體與病症明顯
  - 傷害事實說 ➡ 已發生實際傷害
  - ⬇
  - 保險期內發生事故
- 索賠基礎 ➡ 保險期間內被保險人請求賠償

(追溯日) 保險開始

	86年契約	87年契約	88年契約		發生基礎	索賠基礎
					應賠契約	應賠契約
事故1 ✕➡〇				事故1	無	無
事故2 ✕➡〇				事故2	86年	86年
事故3	✕➡〇			事故3	86年	87年
事故4	✕	➡〇		事故4	86年	88年
事故5		✕	➡〇 事故5		87年	不一定

✕ 發生時點
〇 索賠時點

責任保險法理基礎

法理基礎
- 過失責任 ➡ 有過失才賠 (一般責任採用)
- 嚴格責任 ➡ 有瑕疵且造成損害才賠 (特定責任採用)
- 絕對責任 ➡ 只要有損害就賠 (特定責任採用)

動動腦

1. 責任保險承保基礎有哪些？＿＿＿＿＿＿＿＿＿＿＿＿＿＿＿＿＿
2. 責任保險法理基礎有哪些？＿＿＿＿＿＿＿＿＿＿＿＿＿＿＿＿
3. 汽車責任保險的保險責任為何？＿＿＿＿＿＿＿＿＿＿＿＿＿＿
4. 列舉三項汽車責任保險的除外事項。＿＿＿＿＿＿＿＿＿＿＿＿

Unit **22-2**
公共意外責任保險業務

公眾責任保險 (Public Liability Insurance)，又稱普通責任保險或綜合責任保險，主要承保被保險人在其經營的地域範圍內從事生產、經營或其他活動時，因發生意外事故而造成他人 (第三者) 人身傷亡和財產損失，依法應由被保險人承擔的經濟賠償責任。

(一)特點
1.保險標的無形：該險種的保險標的是被保險人的法律責任，為無形標的。
2.適用範圍較廣：該險種可適用於工廠、辦公樓、旅館、住宅、商店、醫院、學校、影劇院、展覽館等各種公眾活動的場所。
3.表現形式豐富：主要有普通責任、場所責任、電梯責任、承包人責任等，大陸則主要表現為場所公眾責任。

(二)保險對象：凡依法設立的企事業單位、社會團體、個體工商戶、其他經濟組織及自然人，均可作為被保險人。

(三)保險責任：在本保險有效期限內，被保險人在本保險單明細表中列明的地點範圍內，依法從事生產、經營等活動以及由於意外事故造成下列損失或費用，依法應由被保險人承擔的民事賠償責任，保險人負責賠償：1.第三者人身傷亡或財產損失；2.事先經保險人書面同意的訴訟費用；3.發生保險責任事故後，被保險人為縮小或減少對第三者人身傷亡或財產損失的賠償責任所支付必要的、合理的費用。

上述第1.與第2.項每次事故賠償總金額不得超過本保險單明細表中列明的每次事故賠償限額；第3.項每次事故賠償金額不得超過本保險單明細表中列明的每次事故賠償限額。

(四)除外責任
1.被保險人及其代表的故意或重大過失行為；2.戰爭、敵對行為、軍事行為、武裝衝突、罷工、騷亂、暴動、盜竊、搶劫；3.政府有關當局的沒收、徵用；4.核反應、核子輻射和放射性汙染；5.地震、雷擊、暴雨、洪水、火山爆發、地下火、龍捲風、颱風暴風等自然災害；6.煙燻、大氣、上地、水汙染及其他汙染；7.鍋爐爆炸、空中運行物體墜落等。除此之外，被保險人罰款、罰金或懲罰性賠款和被保險人與他人簽定協議所約定的責任，但應由被保險人承擔的法律責任，不在此列。

小博士解說 **責任笑話一則**

美國人愛遛狗，有一天美國老婦人出外遛狗，結果愛狗淋濕，老婦人天真的將狗放在微波爐烘乾，結果烘死狗，老婦人一氣之下，具狀控告微波爐製造廠商，其理由是微波爐上為何沒標示不能烘狗。

公共意外責任

| 顧客購物時滑倒 | 商場對顧客負公共意外責任 | 商場、劇院等坐電扶梯滑倒 |

保障對象

| 1.事業單位 | 2.社會團體 | 3.其他任何組織 | 4.自然人 |

 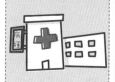 

除外責任

| 1.火山爆發 | 2.核輻射 | 3.罷工 |

 動動腦

1. 公共意外責任險除外事故列舉三項。_____
2. 公共意外責任險保險對象為何？_____
3. 公共意外責任險特點為何？_____
4. 政府辦公大樓服務民眾時，可投保公共意外責任險嗎？
   （　）可以　（　）不可以。

Unit 22-3
專業責任保險業務

　　專業責任險，是以各種專業技術人員在從事職業技術工作時因疏忽或過失，造成合同一方或他人的人身傷害或財產損失，所導致的經濟賠償責任為承保風險的責任保險。

　　(一)特點：第一，它屬於技術性較強的工作，導致的責任事故；第二，它不僅與人的因素有關，同時也與知識、技術水準及原材料等的欠缺有關；第三，它限於技術工作者從事本職工作中，出現的責任事故。

　　(二)承保方式：1.以索賠為基礎的承保方式；2.以事故發生為基礎的承保方式。

　　(三)保險費率：從總體而言，制定職業責任保險的費率時，需要著重考慮下列因素：一是投保人的職業種類；二是投保人的工作場所；三是投保人工作單位的性質；四是該筆投保業務的數量；五是被保險人及其雇員的專業技術水準與工作責任心；六是賠償限額、免賠額和其他承保條件；七是被保險人職業責任事故的歷史損失資料，以及同類業務的職業責任事故情況。

　　(四)保險賠償：在賠償方面，保險人承擔的是賠償金與有關費用兩項，其中保險人對賠償金通常規定一個累計的賠償限額；法律訴訟費用則在賠償金之外另行計算，但如果保險人的賠償金僅為被保險人應付給受害者的總賠償金的一部分，則該項費用應當根據各自所占的比例進行分攤。

　　(五)主要險種

　　1.醫療職業責任保險：也稱醫生失職保險，它承保醫務人員或其前任由於醫療責任事故而致病人死亡或傷殘、病情加劇、痛苦增加等，受害者或其家屬要求賠償且依法應當由醫療院方負責的經濟賠償責任。醫療職業責任保險以醫院為投保物件，普遍採用以索賠為基礎的承保方式。

　　2.律師責任保險：承保被保險人或其前任作為一個律師在自己的能力範圍內，在職業服務中發生的一切疏忽行為、錯誤或遺漏過失行為所導致的法律賠償責任，包括一切侮辱、誹謗，以及賠償被保險人在工作中發生的或造成的對第三者的人身傷害或財產損失。律師責任保險的承保基礎，可以以事故發生或索賠為依據確定，它通常採用主保單 (法律過失責任保險) 和額外責任保險單 (擴展限額) 相結合的承保辦法。

　　3.會計師責任保險：承保因被保險人或其前任或被保險人對其負有法律責任的那些人，因違反會計業務上應盡的責任及義務，而造成他人遭受損失，依法應負的經濟賠償責任，但不包括身體傷害、死亡及實質財產的損毀。

　　4.建築、工程技術人員責任保險：承保因建築師、工程技術人員過失而造成合同一方或他人的財產損失與人身傷害，並由此導致經濟賠償責任的職業技術風險。

　　5.其他險種：此外，還有美容師責任保險、保險經紀人和保險代理人責任保險、情報處理者責任保險等多種職業責任保險業務，它們在發達的保險市場上同樣是受到歡迎的險種。

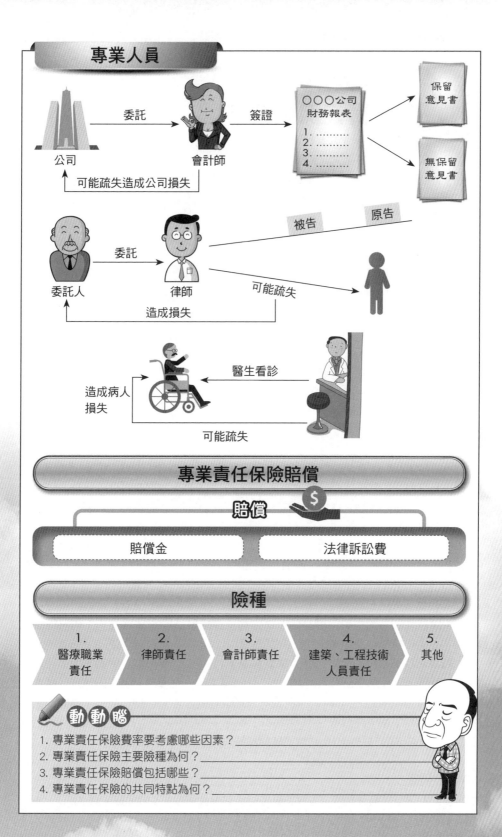

專業人員

委託 → 會計師 → 簽證 → ○○○公司 財務報表 1. ..... 2. ..... 3. ..... 4. .....

公司

可能疏失造成公司損失

保留意見書

無保留意見書

委託人 → 委託 → 律師

被告 原告

可能疏失

造成損失

醫生看診

造成病人損失

可能疏失

專業責任保險賠償

賠償 $

賠償金

法律訴訟費

177

險種

1. 醫療職業責任

2. 律師責任

3. 會計師責任

4. 建築、工程技術人員責任

5. 其他

動動腦

1. 專業責任保險費率要考慮哪些因素？＿＿＿＿＿＿

2. 專業責任保險主要險種為何？＿＿＿＿＿＿

3. 專業責任保險賠償包括哪些？＿＿＿＿＿＿

4. 專業責任保險的共同特點為何？＿＿＿＿＿＿

Unit 22-4
雇主責任保險業務

　　雇主責任險是指被保險人所僱傭的員工在受僱過程中，從事與保險單所載明的與被保險人業務有關的工作，而遭受意外或患與業務有關的國家規定的職業性疾病，所致傷殘或死亡，被保險人根據勞動法及勞動合同應承擔醫藥費用及經濟賠償責任，包括應支出的訴訟費用，由保險人在規定的賠償限額內負責賠償的一種保險。

(一)保險責任

　　在保險合同期間內，凡被保險人的雇員，在其僱傭期間因從事保險單所載明的被保險人的工作而遭受意外事故，或患與工作有關的國家規定的職業性疾病所致傷殘或死亡，對被保險人因此依法應承擔的下列經濟賠償責任，保險公司依據本保險合同的約定，在約定的賠償限額內予以賠付：1.死亡賠償金；2.傷殘賠償金；3.誤工費用；4.醫療費用。

　　經保險公司書面同意必要的、合理的訴訟費用，保險公司負責在保險單中規定的累計賠償限額內賠償。在本保險期間內，保險公司對本保險單項下的各項，賠償最高賠償金額之和不得超過保險單中列明的累計賠償限額。

(二)責任免除

　　1.被保險人的雇員由於職業性疾病以外的疾病、傳染病、分娩、流產以及因上述原因接受醫療、診療所致的傷殘或死亡；2.由於被保險人的雇員自傷、自殺、打架、鬥毆、犯罪及無照駕駛各種機動車輛所致的傷殘或死亡；3.被保險人的雇員因非職業原因，而受酒精或藥劑的影響所致的傷殘或死亡；4.被保險人的雇員因工外出期間及上下班途中遭受意外事故而致的傷殘或死亡；5.被保險人直接或指使他人對其雇員故意實施的騷擾、傷害、性侵犯，而直接或間接造成其雇員的傷殘、死亡；6.任何性質的精神損害賠償、罰款、罰金；7.被保險人對其承包商所僱傭雇員的責任；8.在中華人民共和國境外，包括香港、澳門和臺灣地區，所發生的被保險人雇員的傷殘或死亡；9.國務院頒布的工傷保險條例所規定的工傷保險診療專案目錄、工傷保險藥品目錄、工傷保險住院服務標準之外的醫藥費用；10.勞動和社會保障部所頒布的國家基本醫療保險藥品目錄規定之外的醫藥費用；11.假肢、矯形器、假眼、假牙和配置輪椅等輔助器具；12.住宿費用、陪護人員的誤工費、交通費、生活護理費、喪葬費用、供養親屬撫恤金、撫養費；13.戰爭、軍事行動、恐怖活動、罷工、暴動、民眾騷亂或由於核子輻射所致被保險人雇員的傷殘、死亡或疾病；14.直接或間接因電腦2000年問題造成的損失；15.其他不屬於保險責任範圍內的損失和費用。

(三)附加險

　　1.附加第三者責任保險；2.附加雇員第三者責任保險；3.附加醫藥費保險。

雇主責任

　老闆雇主

　　── 僱用 ──▶ 　員工辦公
　　　　　　　　　　　　　　　意外傷害

　　── 有責任 ──▶

雇主責任保險

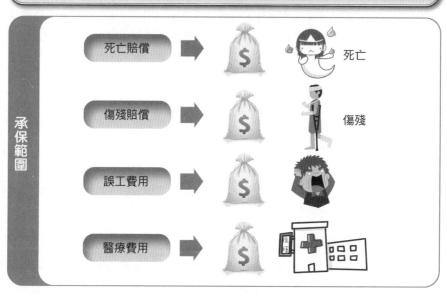

承保範圍

- 死亡賠償 ▶ $ 死亡
- 傷殘賠償 ▶ $ 傷殘
- 誤工費用 ▶ $
- 醫療費用 ▶ $

雇主責任保險除外事項

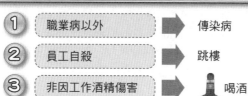

① 職業病以外 ▶ 傳染病

② 員工自殺 ▶ 跳樓

③ 非因工作酒精傷害 ▶ 喝酒

④ 其他

✎ 動動腦

1. 雇主為何要對員工負責任？_____
2. 雇主責任保險承保項目為何？_____
3. 列舉三項雇主責任保險除外項目？_____

Unit **22-5**
產品責任保險業務

產品責任保險 (Product Liability Insurance)，是指以產品製造者、銷售者、維修者等的產品責任為承保風險的一種責任保險，而產品責任又以各國的產品責任法律制度為基礎。

所謂產品責任，是指產品在使用過程中因其缺陷而造成用戶、消費者或公眾的人身傷亡或財產損失時，依法應當由產品供給方 (包括製造者、銷售者、修理者等) 承擔的民事損害賠償責任。產品的製造者包括產品生產者、加工者、裝配者；產品修理者指被損壞產品、陳舊產品或有缺陷的產品的修理者；產品銷售者包括批發商、零售商、出口商、進口商等各種商業機構，如批發站、商店、進出口公司等。此外，承運人如果在運輸過程中損壞了產品，並因此導致產品責任事故時，亦應當承擔起相應的產品責任。

(一)產品責任保險的保險責任

1.被保險人生產、銷售、分配或修理的產品發生事故，造成用戶、消費者或其他任何人的人身傷害或財產損失，依法應由被保險人承擔的損害賠償責任，保險人在保險單規定的賠償限額內予以賠償。2.被保險人為產品責任事故支付的法律費用及其他經保險人事先同意支付的合理費用，保險人也負賠償責任。

(二)產品責任保險的除外責任

1.被保險人承擔的違約責任，除非經過特別約定。2.被保險人根據勞工法或僱傭合同對其雇員及有關人員應承擔的損害賠償責任，這種責任應由勞工保險或雇主責任保險承保。3.被保險人所有或照管或控制的財產損失，這種損失應由財產保險承保。4.產品或商品仍在製造或銷售場所，其所有權尚未轉移至用戶或消費者之前的責任事故損失，這種損失應由公眾責任保險承保。5.被保險人故意違法生產、銷售的產品，所發生的事故責任損失。6.被保險產品或商品本身的損失及被保險人因收回有缺陷產品造成的費用及損失，這種損失應由產品保證保險承保。7.不按照被保險產品說明書要求運送安裝使用，或在非正常狀態下使用造成的責任事故損失。

(三)產品責任保險的特點

1.保險標的無形：產品責任保險的保險標的是被保險人的法律責任，為無形標的。2.採取「索賠發生制」：即只要被保險人在保險期限內向保險公司提出索賠，如果屬於保險事故，保險公司就要承擔賠償責任。3.獨立處理理賠：保險公司對索賠處理具有絕對控制權。4.與「公眾責任險」的差異：事故需發生在被保險人製造或銷售場所以外，且產品所有權已轉移至用戶或銷售者。

海灘鞋製造

| 1.塑膠板 PVC | 2.裁切部 | 3.裁縫部 |

| 6.包裝部 | 5.清理部 | 4.生產線 |

| 7.倉庫 | 8.運輸 | 9.市場 |

從生產至運銷，均可能造成對第三人的責任。

產品責任保險除外事項

1. 被保險人違約
2. 勞工保險承擔的責任
3. 被保險人財產損失
4. 產品所有權未轉移
5. 違法產品的製造
6. 其他

 動動腦

1. 產品責任險哪些不保？＿＿＿＿＿＿＿＿＿＿＿＿＿＿＿＿＿＿＿＿＿＿
2. 產品責任險承保範圍為何？＿＿＿＿＿＿＿＿＿＿＿＿＿＿＿＿＿＿＿＿
3. 產品責任險有何特點？＿＿＿＿＿＿＿＿＿＿＿＿＿＿＿＿＿＿＿＿＿＿
4. 回收產品的費用，產品責任險是否賠償，試說明之。＿＿＿＿＿＿＿＿

Unit 22-6
環境汙染責任保險業務

環境汙染責任保險是以發生汙染事故對第三者造成的損害，依法應承擔的賠償責任為標的的保險。它是一種特殊的責任保險，排汙單位作為投保人，依據保險合同按一定的費率向保險公司預先繳納保險費，就可能發生的環境風險事故在保險公司投保，一旦發生汙染事故，由保險公司負責對汙染受害者進行一定金額的賠償。

在環境汙染責任保險關係中，保險人承擔了被保險人因意外造成環境汙染的經濟賠償和治理成本，使汙染受害者在被保險人無力賠償的情況下也能及時得到給付。環境汙染責任保險是隨著環境汙染事故和環境侵權行為的頻繁發生，以及公眾環境權利意識的不斷增強，從公眾責任保險第三者責任保險中逐漸獨立出來。通常環境汙染是指環境因物質和能量的介入，而導致其化學、物理、生物或者放射性等特性的改變，從而影響環境功能及資源的有效利用或危害人體健康和人類生活的現象。而環境汙染責任保險又被稱為「綠色保險」，是圍繞環境汙染風險，以被保險人發生汙染水、土地或空氣等汙染事故對第三者造成的損害，依法應承擔的賠償責任為標的的保險，它是整個責任保險制度的一個特殊組成部分，也是一種生態保險。

(一)環境汙染責任保險的特點

包括：1.承保條件嚴格，承保責任範圍受到限制；2.個別確定保險費率，具有特定性；3.經營風險較大，需要政府支援。

(二)環境汙染責任保險的功能

1.分散企業風險

由於環境汙染事故影響範圍廣和損失數額巨大的特點，單一的企業很難承受。透過環境汙染責任保險，可以將單一企業的風險轉移給眾多的投保企業，從而使環境汙染造成的損害由社會承擔，分散了單一企業的經營風險，也能夠使企業可以迅速恢復正常的生產經營活動。

2.發揮保險的社會管理功能

保險產品和保險公司的職能之一就包括社會管理功能，這在環境汙染責任保險上表現的尤為突出。保險公司可利用環境汙染責任保險的費率槓桿機制，來促使企業加強環境風險管理，提升環境管理水準，同時提高企業的環境保護意識。

3.保護受害者

目前大陸對於環境汙染造成的人身財產損害的賠償，主要由國家財政承擔。由於權力機構的複雜性，使得受害人不能在最快的時間得到損失補償，從而產生社會矛盾，同時也會增加國家財政的負擔。利用環境汙染責任保險來參與環境汙染事故的處理，有利於使受害者及時獲得經濟補償、穩定社會秩序、減輕政府的負擔，還可以促進政府職能的轉變。

汙染源

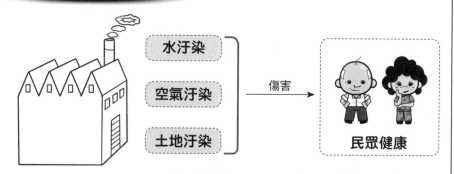

水汙染
空氣汙染
土地汙染

傷害 → 民眾健康

環境汙染責任險的特點

1. 承保條件嚴格

承保責任
限制
1. ....
2. ....
3. ....
4. ....

2. 個別費率

依特定風險
制定

3. 經營風險大

環境汙染責任險的功能

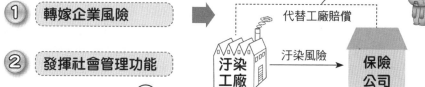

① 轉嫁企業風險

② 發揮社會管理功能

③ 保護受害者

受害者

代替工廠賠償

汙染
工廠 → 汙染風險 → 保險
公司

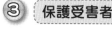

✏️ 動動腦

1. 環境汙染責任險特點？＿＿＿＿＿＿＿＿＿＿＿＿＿＿＿＿＿
2. 環境汙染責任險功能？＿＿＿＿＿＿＿＿＿＿＿＿＿＿＿＿＿
3. 汙染源有哪些？＿＿＿＿＿＿＿＿＿＿＿＿＿＿＿＿＿＿＿＿
4. 為何保險公司很少承保環境汙染責任險？＿＿＿＿＿＿＿＿＿

Unit **22-7**
D&O責任保險業務

　　D&O (Director & Officer) 責任保險就是董事及高級經理人員責任保險，當公司董事及高級管理人員在行使職權時，因過錯導致第三者遭受經濟損失，依法應承擔相應經濟賠償責任的風險，將它轉嫁給保險公司，由保險公司按合同約定來承擔經濟賠償責任。

(一)董監事及高級管理人員責任保險的產生

　　各國法律都對董事和高級職員的義務做了明確規定，雖然具體條文會有些許差異，但一般都包括謹慎經營、忠於公司與股東、對雇員負責、向有權知情的人及時如實披露重要資訊等。董事和高級職員在工作中由於自身能力、經驗有限或其他一些客觀原因難免出現過失行為 (Wrongful Act)，具體表現為言行誤導、資訊披露失真、對僱傭問題處理有欠公平、經營決策不當等，這些行為無疑會給其所在組織造成經濟上的損害，如導致公司股票市值降低、錯失投資機會、或因傷害第三方利益引發針對個人和組織的索賠。在相當長的時間裡，對於最終由誰承擔這樣的索賠爭議很大。根據一般的法律原則，董事和高級職員應負擔損失並無權從所在組織獲得補償，理由是各類組織機構都沒有義務為給其帶來損害的人支付賠償金。隨著經濟環境的發展，董事和高級職員在各類組織，尤其是營利性企業中的作用逐漸突顯，他們的利益也更加受到重視，一些公司開始通過內部協議建立對董事和高級職員的補償機制，但進入 20 世紀以後，政府部門對企業經營管理的監督與約束愈來愈多，第三方對董事和高級職員提出民事賠償的法律依據也愈來愈充分，在企業之外建立一種對董事和高級職員責任的保障機制變得非常迫切，於是 D&O 保險應運而生。

(二)董監事及高級管理人員責任保險的作用

　　當公司代董事、高管承擔對股東或第三者的賠償責任時，D&O 保險將公司補償董事、高管的責任轉嫁予保險人，避免公司因承擔高昂的賠償責任及法律費用而導致股東利益受損。當法律或者章程不允許公司代董事、高管承擔對股東或第三者的賠償責任時，董事、高管因個人財力有限，股東或第三者無法獲得充分的賠償；D&O 保險的賠償限額極高，往往能為股東或第三者提供充分的賠償。

(三)董監事及高級管理人員責任保險的發展

　　D&O 保險脫胎於美國法律，在美國的發展也最充分，目前全球最大的 D&O 保險承保人主要是美國的保險公司，如美國 ACE 保險集團。在美國之外，許多發達國家與地區也都開展 D&O保險業務。經過七十年的發展，D&O 保險已經成長為一個體系龐雜的險種，其保障範圍不斷擴張，各類補充條款層出不窮，不僅大型工商企業，中小企業與非盈利機構也愈來愈多為其董事和高級職員購買 D&O 保險。

　　D&O 保險是一項高風險、高收益的業務。因為市場需求大，保費也相對較高，所以 D&O 保險往往是保險公司，尤其是一些經驗豐富的大公司重要利潤來源。

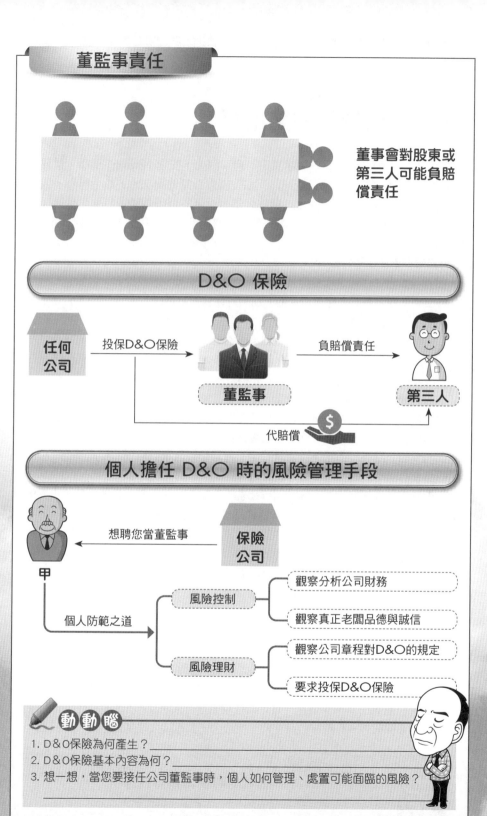

董監事責任

董事會對股東或第三人可能負賠償責任

D&O 保險

任何公司　投保D&O保險　董監事　負賠償責任　第三人

代賠償

個人擔任 D&O 時的風險管理手段

想聘您當董監事　保險公司

甲

個人防範之道

風險控制
- 觀察分析公司財務
- 觀察真正老闆品德與誠信

風險理財
- 觀察公司章程對D&O的規定
- 要求投保D&O保險

動動腦

1. D&O保險為何產生？_____
2. D&O保險基本內容為何？_____
3. 想一想，當您要接任公司董監事時，個人如何管理、處置可能面臨的風險？

Unit **22-8**
財報責任保險業務

近年來，大型企業財務舞弊案層出不窮，例如：安隆 (Enron) 風暴、世界通訊 (WorldCom) 等。投資大眾對企業財報品質與會計師的獨立性，產生質疑，因而導致股價扭曲，資本分配效率不佳，動搖大眾對企業的信賴基礎。為強化會計師的獨立性及淡化會計師與公開發行公司間的關係，從而產生財務報表責任保險 (Financial Statement Liability Insurance)。

(一)財務報表責任保險特性

財務報表責任保險是因公開發行公司財務報表不實，導致投資大眾損失的責任，由保險公司負責賠償的一種責任保險。它的特性有五，包括：

1.它是因財務報表不實，導致投資人的損失，是公開發行公司可能面對的風險。

2.它有別於 D&O 責任保險與會計師責任保險，D&O 責任保險是在保障 D&O 本身的利益，會計師責任保險是在保障會計師本身的利益，財務報表責任保險是在保障投資大眾的利益。

3.它能改變傳統會計師簽證制度，傳統上，會計師由公開發行公司聘請，負責財報簽證審計，其獨立性容易遭受質疑，公開發行公司與會計師間，是直接委託的雙方關係，但財務報表責任保險改變了這種直接關係，變成由保險公司聘請會計師，而由會計師負責對公開發行公司簽證審計的第三方間接委託審計關係，如此淡化了公開發行公司與會計師間的關係，提升會計師的獨立性。

4.財務報表責任保險使保險公司可代表股東監督公司經營，公司經營除會計師與 D&O 可監督公司經營外，保險公司的監督對股東多了一層保障。

5.財務報表責任保險可導正公開發行公司股價的扭曲與資本分配效率不佳的現象，透過保險公司財務報表責任保險的核保與風險評估，對公開發行公司收取不同保費，完全依保險市場規則運作，那麼低保費高保額的公司由於財報可信度高，將可反映在股價的溢價中；反之，反映的是股價折價，如此，可提升資本分配效率，進一步改善公司財報品質。

(二)財務報表責任保險投保過程

首先，公開發行公司要求投保，保險公司提出保險規劃書，規劃書包括最低與最高保費及相關的承保條件與費率，這些內容與會計師簽註意見，均應載於股票委託書中。其次，公司股東會要決議通過購買財務報表責任保險，保險公司與會計師再次審核確認。會計師如出具無保留意見書，則依規劃進行承保；如出具保留意見書，則重新查核修改承保條件。保險事故發生時，保險公司對投資大眾進行賠償。

小博士解說

創新的財務報表責任保險

財務報表責任保險由美國紐約大學會計系教授Joshua Ronen 所創。

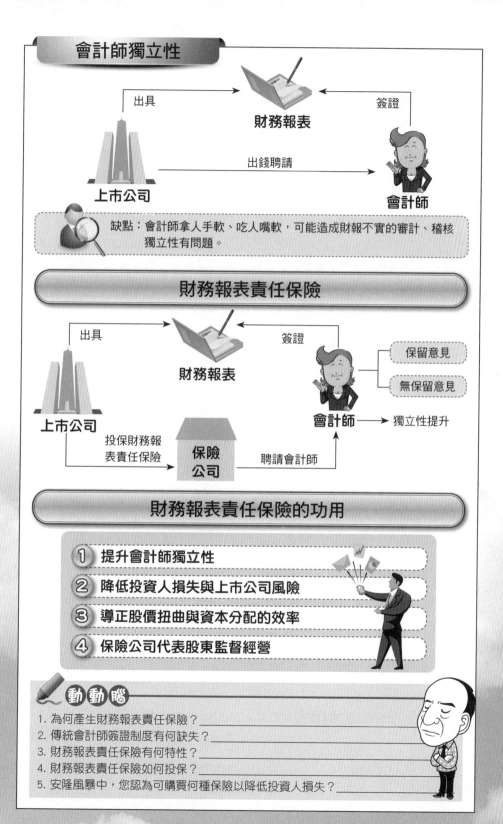

會計師獨立性

出具

簽證

財務報表

出錢聘請

上市公司　　　　　　　　　　　　會計師

缺點：會計師拿人手軟、吃人嘴軟，可能造成財報不實的審計、稽核獨立性有問題。

財務報表責任保險

出具

簽證

財務報表

保留意見

無保留意見

上市公司　　　　　　　　　　　　會計師 ➞ 獨立性提升

投保財務報表責任保險　　保險公司　　聘請會計師

財務報表責任保險的功用

① 提升會計師獨立性

② 降低投資人損失與上市公司風險

③ 導正股價扭曲與資本分配的效率

④ 保險公司代表股東監督經營

動動腦

1. 為何產生財務報表責任保險？_____
2. 傳統會計師簽證制度有何缺失？_____
3. 財務報表責任保險有何特性？_____
4. 財務報表責任保險如何投保？_____
5. 安隆風暴中，您認為可購買何種保險以降低投資人損失？_____

第 **23** 章
政策性保險業務

●●●●●●●●●●●●●●●●●●●●●●●●●● 章節體系架構 ▼

Unit **23-1**
經濟政策保險

(一)政策性保險的意義

簡單說，政策性保險就是一個國家政府為了執行其政策，以非營利為目的所實施的保險業務。

(二)政策性保險的種類

政策性保險依不同的分類基礎，有以下幾種：

1.依是否強制投保分：可分成強制性政策保險與非強制性政策保險。在臺灣，前者如公務人員保險等。強制性政策保險又可細分成普遍性與特定性強制性政策保險。普遍性強制性政策保險，例如：全民健康保險；特定性強制性政策保險，例如：軍人保險、勞工保險等。非強制性政策保險，例如：臺灣的輸出保險，這項保險則委由輸出入銀行的輸出保險部經營。

2.依政策性質分：可分成經濟政策保險與社會政策保險。在臺灣，前者如住宅地震保險等，後者如農民保險等。

(三)臺灣的經濟政策保險

1.強制汽機車責任保險：1996 年完成立法，1998 年正式實施。該業務以補償汽機車交通事故受害者為目的，其特色包括：(1) 採限額無過失責任；(2) 受害者有直接求償權；(3) 設置財團法人汽車交通事故特別補償基金；(4) 維護費率公平合理，減輕保戶負擔；(5) 理賠給付範圍明確；(6) 訂立罰則以利制度實施。

2.郵政簡易壽險：1935 年公布簡易人壽保險法。簡易人壽保險原規定由郵政儲金匯業局辦理，其他保險業不得經營。1991 年修正施行後，開放其他壽險業者亦可經營。簡易壽險分終身保險與定期保險兩種，投保時，被保險人免身體檢查，凡中華民國國民皆得為被保險人。保險金額最低新臺幣10萬元，最高100萬元。

3.微型保險：微型保險是窮人保單，針對弱勢與低收入族群的特定風險提供基本保障的政策性保險。自臺灣金管會於 2009 年發布保險業辦理微型保險業務應注意事項迄今，業務不甚理想。

4.住宅地震保險：為針對地震造成的重大損害，臺灣保險法 2001 年修法通過政策性住宅地震保險，主管機關頒布住宅地震保險共保及危險承擔機制實施辦法。原總責任限額五百億，分四層承擔風險，這四層包括產險業共保、住宅地震保險基金、資本市場中的巨災債券、超額賠款再保與政府財政保證，其中，產險業共保與超額賠款再保可同屬保險市場一層。嗣後，調整總責任限額為七百億，分兩層承擔風險。

5.輸出保險與存款保險：輸出保險主要是承保輸出貨物於海上保險中，所不保的風險。存款保險則在保障金融機構存款人存款的安全。

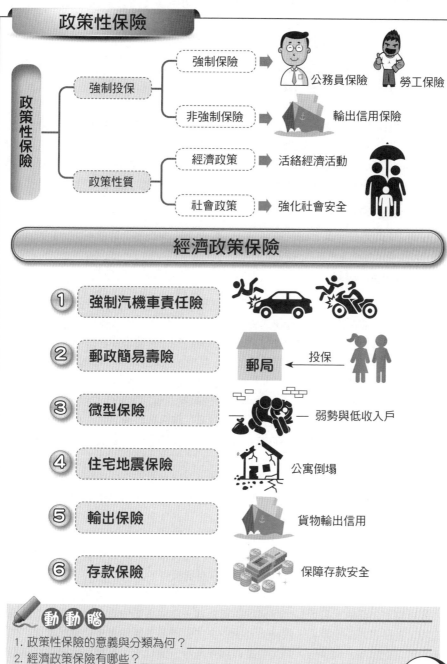

政策性保險

- 政策性保險
  - 強制投保
    - 強制保險 → 公務員保險　勞工保險
    - 非強制保險 → 輸出信用保險
  - 政策性質
    - 經濟政策 → 活絡經濟活動
    - 社會政策 → 強化社會安全

經濟政策保險

1. 強制汽機車責任險
2. 郵政簡易壽險　郵局 ← 投保
3. 微型保險 ── 弱勢與低收入戶
4. 住宅地震保險　公寓倒塌
5. 輸出保險　貨物輸出信用
6. 存款保險　保障存款安全

動動腦

1. 政策性保險的意義與分類為何？＿＿＿＿＿＿＿＿＿＿
2. 經濟政策保險有哪些？＿＿＿＿＿＿＿＿＿＿
3. 輸出保險是：
   （　）強制性　（　）非強制性。
4. 微型保險是：
   （　）強制性　（　）非強制性。
5. 微型保險針對：
   （　）富人　（　）窮人。

Unit **23-2** 社會政策保險

社會政策保險，可簡稱社會保險。社會保險乃政府為照顧全體國民或某一階層、職業團體，而以立法方式辦理的強制保險。基於法律之強迫性，每一團體的成員均有義務加入該項保險。其保險目的在提供每一被保險人最基本的保障，以改善其生活品質。臺灣的社會保險，主要包括全民健保、公保、勞保、軍人保險與農民保險。

(一)社會保險的特性

包括：1.政策性，又分保費具補助性、要保單位團體化、公營與單一費率；2.強制性；3.基本保障性；4.世代交替性。

(二)社會保險的種類

1.全民健康保險：這是為增進全體國民健康所開辦的健康保險，保險對象普及全體國民，這分為被保險人與其眷屬，被保險人又分六大類。全民健康保險承保的事故有生育、疾病與傷害。提供醫療保健服務者為特約的保險醫事服務機構，由主管機關設中央健康保險局為保險人，辦理保險業務，其中，保險給付有自負額的規定。

2.公務人員保險：為安定公教人員生活，所開辦的社會保險。公教人員包括：(1)法定機關編制內有給職專任人員；(2) 公立學校編制內有給職專任教職員；(3) 依私立學校法規定，辦妥財團法人登記，並經主管教育行政機關核准立案之私立學校編制內有給職專任教職員。該保險承保事故有殘廢、養老、死亡與眷屬喪葬。主管機關為銓敘部，保險業務由中央信託局辦理。

3.勞工保險：勞工保險是為保障勞工生活、促進社會安全，所開辦的保險。勞工保險主管機關，在中央為勞動部，在直轄市為直轄市政府。保險業務則由勞工保險局承辦，是為保險人，被保險人為年滿十五歲以上，六十五歲以下的勞工。勞工保險的承保事故，則分普通事故與職業災害事故。

4.軍人保險：該保險依軍人保險條例開辦，被保險人為現役軍官、士官與士兵。軍人保險的承保事故有死亡與殘廢兩種，並有退伍給付。

5.農民保險：也就是農民健康保險，係為維護農民健康、增進農民福利、促進農村安定所開辦的保險。農民健康保險的主管機關，在中央為內政部，在直轄市為直轄市政府，在縣市為縣市政府。保險人為由中央主管機關設置的中央社會保險局，未設立前為勞工保險局。被保險人為農會會員與年滿十五歲以上，非農會會員但從事農業工作的農民。農民健康保險的承保事故有生育、傷害、疾病、殘廢與死亡，保險給付有生育給付、醫療給付、殘廢給付與喪葬津貼。

小博士解說

社會保險源起自德國俾斯麥首相，中國的《禮運·大同篇》為其思想來源，也就是老吾老以及人之老，幼吾幼以及人之幼的互助精神。

社會保險的特性

社會
保險　　→　保障大眾　　→

特性
- 社會政策
- 強制
- 基本保障
- 世代交替

種　　類

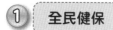
① 全民健保　　傷病、生育

② 公　　保　　公務員 ┬ 喪葬
　　　　　　　　　　　　　├ 殘廢
　　　　　　　　　　　　　├ 死亡
　　　　　　　　　　　　　└ 養老

③ 勞　　保　　工廠　大火　職業災害、普通事故

④ 軍　　保　　軍人 ┬ 死亡
　　　　　　　　　　　　├ 退伍
　　　　　　　　　　　　└ 殘廢

⑤ 農　　保　　農民 ┬ 生育
　　　　　　　　　　　　├ 傷害
　　　　　　　　　　　　├ 疾病
　　　　　　　　　　　　├ 殘廢
　　　　　　　　　　　　└ 死亡

 動動腦

1. 社會保險有何特性？_____
2. 公保基本內容為何？_____
3. 軍保包括的對象與事故為何？_____
4. 勞保被保險人年齡與事故為何？_____
5. 農保內容為何？_____

第 24 章

國際保險市場與經濟

Unit **24-1**
國際保險市場間的相似性與差異性

圖解保險學

保險市場近年來，掀起一股全球化或國際化風潮，這包括保險監理國際接軌 Solvency II、保險財務會計接軌 IFRSs、保險行銷 Bancassurance、金融保險服務的整合與融合等。然而，各國間，由於經濟發展程度與社會文化政體的不同，各國保險市場間，也呈現明顯的差別。

(一)全球化風潮

各國保險市場呈現的全球化風潮，主要有八種潮流值得注意：第一、金融保險監理自由化；第二、國際組織的推動造成亞洲國家保險市場的全球化；第三、公營保險民營化；第四、新金融科技加速新產品的開發；第五、各國保險市場進出更國際化；第六、各國保險透過再保險市場全球化日深；第七、高齡化社會各國已面臨養老年金與醫療保險的變革；第八、網路發達保險商品通路持續變革。

(二)各國的差異性

經濟發展程度與社會文化政體的不同，各國保險市場間，也呈現明顯的差別。第一、保險專業用語語意有別；第二、各國保險監理架構間有別；第三、電子商務保險各國大不同；第四、各國主要保險通路比重不同；第五、各國不同的政體衝擊保險產生異樣的發展；第六、人口老化各國問題間也不同；第七、保險深度、密度與稅法各國重視程度不同。

(三)保險市場發展的基本指標

衡量一國保險市場發展的程度，基本上有四種指標：

1.投保率：係指有效契約件數除以總人口數。這主要用來衡量保險市場的發展程度，每人持有的保單件數愈高，代表保險愈發展。

2.普及率：係指有效契約保險金額除以國民生產毛額獲得國民所得；換言之，國民賺一塊錢所得，有多少保額的保障，也是用來衡量保險市場的發展。

3.保險密度：係指總保險費除以總人口數，這可用來衡量產壽險兩個市場的發展程度。

4.保險深度/滲透度：係指總保險費除以國內生產毛額；換言之，國民賺一塊錢所得中，有多少比例是用來購買保險，這也是可用來衡量產壽險兩個市場的發展程度。臺灣在這項指標上，在 2012 年排名全球第一名。

196

小博士解說

美國產險與日本壽險一直是全球最大的保險市場，但近年興起的中國保險市場不容小覷，由於經濟成長快速，13億人口的龐大市場，像磁鐵般，吸引外資保險業紛紛搶食。

全球化八大潮流

① 監理自由化 ➡ 銀行 ── 可跨業經營保險 ➡ 保險公司

② Solvency II ➡ **各國接軌**

③ 民營化 ➡ 公營保險公司 ── 民營化 ➡ 民營保險公司

④ 新產品 ➡ **巨災債券**

⑤ 進出國際化 ➡ **開放各國進入本國市場**

⑥ 再保 ➡ 保險公司 ── 日益依賴 再保 ➡ 再保公司

⑦ 高齡化 ➡ **改革年金、退休醫療**

⑧ 網路發達 ➡ ➡ **網路投保**

保險市場指標

① 投保率 ➡ 保單 有效件數 / 人口數

② 普及率 ➡ 有效保額 / GDP

③ 保險密度 ➡ 保費 / 人口數

④ 保險深度 ➡ 保費 / GDP

動動腦

1. 各國保險市場的主要差異有哪些？＿＿＿＿＿＿＿＿
2. 保費/所得是指：（　）保險密度　（　）保險深度。
3. 全球化有哪些主要潮流？＿＿＿＿＿＿＿＿
4. 何謂投保率？＿＿＿＿＿＿＿＿
5. 何謂普及率？＿＿＿＿＿＿＿＿

Unit **24-2**
保險市場與經濟發展

　　各國保險市場間雖有異同，然而，從保險普及率與保險深度等衡量指標來看，保險市場的發展均與各該國的經濟發展水準有關。從整體觀察，保險市場成熟與先進的國家，大多均集中於經濟已開發的國家，例如：英、美、日等國，為何如此？同時，保險市場的承保循環與保險供給及需求為何？在此也簡要說明。

(一)保險與經濟

　　保險與經濟間可以說是相輔相成的關係，經濟愈發達帶動保險的發展，保險愈先進則能活絡經濟活動。首先觀察，經濟愈發達伴隨的風險種類就會愈多，各類保險就會相繼開發，這是保險在已開發國家發達的原因之一。其次，從馬斯洛的需求理論來看，人們滿足溫飽的生理需求後，才會想滿足更高的安全需求，溫飽需求依賴經濟發展，經濟發達後，就會帶動能滿足安全需求的保險發展，這是保險在已開發國家發達的原因之二。

(二)保險的承保循環

　　簡單說，保險市場的承保循環 (Underwriting Cycle) 現象，就是市場疲軟與艱困現象的交替循環。疲軟的保險市場 (Soft Market)，意味著市場呈現產品險種多元，有許多保險公司，承保條件與價格寬鬆等特質；反之，則為艱困的保險市場 (Hard Market)。根據實證研究結果，這種承保循環交替的平均時間，約間隔五至八年，且目前只有補償性質的保險市場有此現象。

(三) 保險供給與需求

　　影響保險供給的因素，理論上可以是預期利潤，實際上與承保能量及資本有關，這些因素則影響保險公司家數與類型。另外，國家的文盲率高低與市場開放程度，也與保險供給有關。另一方面，影響保險需求的因素，產壽險則不同。就產險需求而言，包括國民所得、教育水準、宗教信仰與民主政體等。就壽險需求而言，包括國民所得、都市化程度、工業化程度、撫養率、教育水準、非壟斷市場與平均壽命等。

(四)保險市場失靈

　　保險市場失靈可能造成效率低的經濟與不公平現象，也常牽動政府是否要干預市場的討論。市場失靈可能來自：1.壟斷市場價格；2.外部化現象嚴重；3.存在免費搭車問題；4.存在資訊問題。市場價格的壟斷可能是因政府禁止進入市場，可能來自規模經濟等因素。外部化現象，例如：保險詐賠與壽險擠兌現象。免費搭車問題，例如：保險公會爭取更有利的免稅立法條件，可能惠及非會員的現象。資訊問題包括資訊不對稱與不完全資訊問題。資訊不對稱對買保險這方而言，包括隱藏資訊的舊車檸檬市場問題與隱藏行為的本人代理人問題；資訊不對稱對賣保險這方而言，包括隱藏資訊的逆選擇與隱藏行為的道德危險因素問題。

保險與經濟

風險

經濟愈發展，風險愈多，
愈需要保險。

0 ────────── 經濟發展

承保循環

疲軟市場

獲利增加 　　　競爭激烈

提高費率 　　　降費率

終止競爭 　　　獲利少、損失發生

艱困市場

保險需求

主要影響因素 → 所得

教育
博士
碩士
學士

都市化

工業化 工廠

保險市場失靈

①	壟斷價格	⇒	市場單一價格
②	外部化	⇒	詐欺
③	免費搭車	⇒	其他人受益
④	資訊問題	⇒	資訊不對稱

動動腦

1. 何謂承保循環？_____
2. 保險與經濟有何關聯？_____
3. 影響保險需求的因素為何？_____
4. 保險市場為何會失靈？_____

第 **25** 章

保險新興專題

 章節體系架構 ▼

Unit 25-1
行為保險學與風險心理

常聽說：「風險是保險的原料，沒風險就沒保險，甚或說沒損失就沒保險」，很顯然，風險與保險密切相關。人們心理上如何看待風險，會影響投保行為。另一方面，保險公司是承擔風險利用風險營利的行業。同樣地，其決策人員心理上如何看待風險，也會影響保險供給的行為。不論是人們的投保行為，還是保險的供給行為，是否都符合完全理性假設下的行為，就成為學術上值得探討的議題。

(一)行為保險學的源起

自康納曼 (Kahneman, D)於2002年獲得諾貝爾經濟學獎以來，其創建的前景理論或稱展望理論 (Prospect Theory) 就廣受決策科學與經濟學領域的重視，隨後行為經濟學、行為金融學與行為保險學相關文獻陸續出現，成為重要的新興學科。也陸續有經濟學者以行為經濟學的研究貢獻獲得諾貝爾經濟學獎，例如：2013 年的席勒 (Shiller , R. J.)、2017 年的賽勒 (Thaler, R. H.)。這類新興學科均以心理學為基礎，探討人們的各類行為。其中行為保險學，依據文獻最早由日本保險學者高尾厚 (Atsushi Takao) 及山崎尚志 (Takashi Yamasaki) 在神戶大學 2005 年出版的 *Discussion Paper Series* 中〈行動保險學再考〉一文提出的，以日本漢字「行動保險學」與英文「Behavioral Insurance」來命名這個新興學科。除了日本，目前美國喬治亞州立大學與慕尼黑再保均設有行為保險的研究機構。

(二)保險的異象

此處所謂異象，是指與完全理性假設下不同的行為。就保險領域，可換句話說，不能滿足下面兩個條件時，就可認為這個保險市場存在異象。

條件一：保費反映的是預期損失加上適當的附加保費 (Loading)。附加保費包括用於支付保險公司的經營費用以及正常利潤。

條件二：在此保費水準上，大部分符合條件的消費者會自願購買合理數額的保險。具體而言，保險異象包含下列三個方面：

1.保險需求面的異象，例如：精算公平保費下保險需求不足，超額保費下保險需求過度，購買錯誤金額或類型的保險，以及因不同險種產生的異象。

2.保險供給面的異象，例如：資訊不對稱的正/逆選擇與道德風險現象。

3.實證研究中，不易被資訊不對稱理論完美解釋的異象。

(三)風險心理與保險

前述曾言，人們心理上如何看待風險，會影響投保行為。也就是說，人們的風險感知或稱風險知覺 (Risk Perception) 才是影響購買保險的因素，人們不是根據實際風險 (Real/Actual Risk) 或客觀風險來決定是否買保險。這裡會涉及人們的直覺偏見與思考，會涉及人們的情緒與情感問題，也會涉及保險人如何框定保費等問題。

自負額與框架

如將自負額、現金退回與無自負額下所增加的保費設定成同額度，分別顯示在下圖。根據前景理論，因損失厭惡，自負額對投保人最痛苦。若將現金退回投保人想成獲利，就較能開心。無自負額下所增加的保費，雖然增加了保費，但投保人的痛苦感最低。從以上說明，投保人並不喜歡自負額(美國賓州想提高汽車險自負額，最終撤銷，就是例證)。

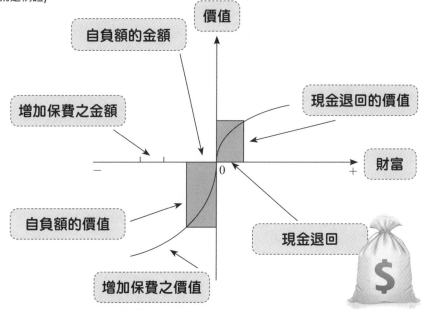

比較項目	傳統保險學	行為保險學
基礎學科	經濟學、法學	行為經濟學、心理學、社會學、倫理學
基本假設	完全理性的經濟人	有限理性的社會普通人
風險估計	機率基礎的實際風險	心理基礎的感知風險與情緒
決策模型	期望效用理論	前景理論、動機理論、計畫/目標決策理論
預測方法	貝氏定理	直覺式思考
決策目標	期望效用最大化	行為與心理動機匹配
實證方法	計量經濟	調查分析、實驗分析

動動腦

1. 機率從零增加5%與機率從60%增加至65%，同樣都增加5%，哪個心理衝擊大？
2. 損失1萬元很痛苦，你(妳)認為最少要賺多少回來，你(妳)的痛苦才能平復？

Unit 25-2
新型病毒風險與防疫保險

　　目前(2022年)全球最關注的新聞之一，除俄烏戰情外，就是已持續三年多(2019-2022年)的新型病毒COVID-19與Omicron變種病毒的疫情。此種新型的病毒對人類健康安全來說，當然是不可忽視的健康風險。人們對該風險的感知既強烈又恐懼，也因此只要保險公司能推出防疫保單，不愁沒人買。根據網路上信息得知，目前臺灣有許多家保險公司推出防疫保單，結果是大家搶著買。

(一)COVID-19新型病毒風險的特性

　　COVID-19由SARS-CoV-2所導致，潛伏期平均為5至6天，一般情況下由1至14天不等，有個別個案可達24天；即使沒有發燒，沒有感染跡象或僅有輕微感染跡象的感染者也可以將病毒傳染給他人，症狀篩查無法有效檢測；且輕症患者症狀類似流感，因而易導致患者、家屬及政府誤判。同時，雖然嚴重特殊傳染性肺炎主要通過人近距離接觸傳播，但該病亦已經被發現可以通過被污染的物品表面等環境因素傳播。這意味著它比MERS或SARS的疫情更難控制。病死率約為1.24%，然而，世界各國對該病的觀測病死率在0.5%-5.0%之間。

(二)臺灣防疫保險概述

　　COVID-19爆發不久，臺灣就有保險公司推出第一張防疫保單，引發熱銷，據統計，那時總共賣出400多萬張防疫保單，被稱為「防疫神單」。初期防疫保險對注射疫苗後死亡或隔離期間猝死才被發現確診是不理賠的，然而隨著疫情的發展與政府防疫政策的改變，更多保險公司推出防疫保單，有些則擴大保障範圍。截至目前，產險業防疫保單主要可分一般防疫保險與疫苗保險，主要保障內容有隔離理賠、確診理賠、住院治療、注射疫苗後的不良反應與注射疫苗後身故喪葬費用等項目。壽險業防疫保單也不遑多讓，其中某一保險公司推出染疫身故保險金，這保障項目比產險保單特殊。然而，最近這些防疫保單，也有保險公司下架停售，隨著疫情與政府政策的變化，未來防疫保單有可能不像之前這麼熱銷。

(三)個人人身風險管理與保險

　　針對上述病毒風險的特性，個人健康風險管理上，在健康風險控制方面應保持社交距離、酒精消毒洗手、配戴口罩與注射各類疫苗，在風險融資／理財方面主要應考慮投保防疫保險。然而，防疫保險仍有除外不保事項且其賠款大部分是定額賠付，而大部分人也都一窩蜂，不見得平時就懂得安排各類人身保險，因此可能仍缺乏足夠的保障。針對此種臨時起意一窩蜂投保的現象，人們對風險與保險應有如下幾種基本的認識：1.在風險社會的當下，應該把保險當生活必需品而不是可有可無的奢侈品，因此平常就要安排規劃保險；2.日常生活中，要懂得與風險共榮共存；3.別一直把保險當投資理財商品。其實保險基本功用在於風險的保障，不是投資理財。因此，投保時應以風險保障為主，投資理財為輔，這才是投保的正確態度。

產壽險業防疫保險保障項目簡易比較表

（詳細內容請查各保險公司官網）

產險防疫保障主項目 （保費相對便宜，賠付額相對低）	壽險防疫保障主項目 （保費相對貴，賠付額相對高）
1. 隔離 2. 確診 3. 住院 4. 注射疫苗後不良反應 5. 注射疫苗後身故喪葬費用	1. 隔離 2. 確診 3. 住院 4. 注射疫苗後不良反應 5. 注射疫苗後身故喪葬費用 6. 身故死亡保險金

COVID-19病毒傳播

COVID-19病毒	空氣	觸摸病毒 汙染過的東西

COVID-19十大典型症狀

（長度只代表多寡）

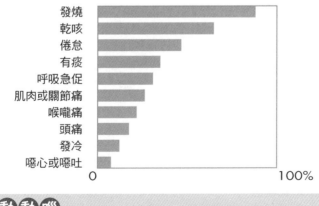

發燒
乾咳
倦怠
有痰
呼吸急促
肌肉或關節痛
喉嚨痛
頭痛
發冷
噁心或噁吐

0　　　　　　　　　　100%

 動動腦

1. 明日世界是人類與病毒共存的世界，你如何解讀？_____
2. 你贊成臨時起意一窩蜂投保的現象嗎？_____

Unit **25-3**
保險科技發展概述

　　金融科技(FinTech)在保險領域的應用就是保險科技(InsTech)。保險科技的範圍，既包括大數據、雲端計算、互聯網、人工智慧、區塊鏈等普遍用於金融服務的基礎技術，也包括和保險行業結合相對緊密的車聯網、無人駕駛、基因診療、可穿戴設備等應用技術。

(一)國際保險科技發展

　　美國、英國、德國、新加坡與中國等國家，在保險科技上的投融資均逐年增加。各國政府對保險科技的發展，大多是鼓勵引導與嚴格監管並用。以美國為例，美國保險監理官協會(NAIC)，成立了創新和技術工作小組，負責研究相關技術的監管辦法。該協會並發布《金融科技框架白皮書》，該白皮書揭示政府對於保險科技創新的原則與框架政策並通過一系列手段刺激保險科技的創新發展。

(二)保險科技的應用

1.人工智能與保險

　　人工智能在保險領域可應用在銷售客服、核保理賠、費率精算、與資產管理等方面。人工智能在擴展保險行銷、提升核保理賠效率與創造定價盈利等方面，均有重大應用價值。

2.基因診療與保險

　　基因診療可應用在人身保險領域，它可分基因診斷與基因治療。基因診斷是通過基因的採集和分析，結合對基因的認識和分子遺傳學資料，對遺傳病做出診斷；基因治療是將外部正常基因以轉移技術導入細胞，通過糾正或補償因為基因缺陷和異常引起的疾病，達到治療的目的。

3.互聯網保險與大數據

　　互聯網保險業務是指保險機構依託互聯網和移動通信等技術，經由自營網路平臺、協力廠商網路平臺等訂立保險合同、提供保險服務的業務。大數據則可應用在互聯網保險的客戶圖像、行銷創新、服務創新、產品創新、提升風險管理能力與反欺詐等方面。

4.區塊鏈與保險

　　區塊鏈技術的主要優勢在於分散式網路形成的共識機制，這優勢可使區塊鏈在保險產品的開發、風險防範、流程優化以及相互保險等領域具有廣大的應用價值。

(三)保險科技的未來趨勢

　　保險科技已不容忽視，未來的發展不可限量，保險經營更智能化。明日保險科技發展趨勢值得留意，例如：保險科技與其它金融科技的交叉會增加，保險經營流程自動化、智慧化發展趨勢更明顯，保險業將成為區塊鏈應用探索的關鍵領域，新型的保險科技監管模式將成主流。

人工智能產業鏈

 技術層　例如：電腦視覺、機器學習等

應用層　例如：工業機器人、服務機器人等

智能基礎設施層

構建AI生態鏈的基礎，例如：包括大數據、雲端計算、神經網路等基礎設施

(Artificial Intelligence, AI；人工智慧，人工智能)

區塊鏈應用特點

區塊鏈應用特點

→ 顛覆與創新金融保險商品——例如：智能合約將使金融保險商品產生顛覆性的變化

→ 構建AI人工智能互聯網

→ 變革金融保險基礎設施——例如：徵信與審計等

保險業大數據產業鏈

政府監管層

數據來源產業，例如：零售大數據等

數據服務產業，例如：數據採集與數據交易等

基礎支撐產業，例如：大數據儲存管理等

數據應用產業，例如：保險公司與第三方平臺等

 **動動腦**

1. 有人說「高科技、高風險」你如何解讀？＿＿＿＿＿＿＿＿＿＿＿＿＿

2. 未來保險公司只剩精算研發新產品的功能，其他行銷核保理賠等功能均可透過AI科技外包，你如何看明日的保險業？

＿＿＿＿＿＿＿＿＿＿＿＿＿＿＿＿＿＿＿＿＿＿＿＿＿＿＿＿＿＿＿

207

《風險管理：理論與實務》

書號：1J43

作者：鄭燦堂

定價：650 元

《人身風險管理：理論與實務》

書號：1FS8

作者：鄭燦堂

定價：450 元

《財產風險管理：理論與實務》

書號：1FRX

作者：鄭燦堂

定價：480 元

《圖解企業危機管理》

書號：1FS5

作者：朱延智

定價：300 元

《風險管理精要：全面性與案例簡評》

書號：1FTD

作者：宋明哲

定價：590 元

《圖解保險學》

書號：1N61

作者：宋明哲

定價：350 元

《風險管理新論：全方位與整合》

書號：1FRW

作者：宋明哲

定價：750 元

《法律風險管理：理論與案例》

書號：1FW8

作者： 施茂林 、 宋明哲 、
宋峻杰 、 陳維鈞

定價：300 元

國家圖書館出版品預行編目（CIP）資料

圖解保險學/宋明哲著. -- 三版. -- 臺北市：五
南圖書出版股份有限公司, 2022.07
面；　公分
ISBN 978-626-317-873-1(平裝)
1.CST: 保險學
563.7　　　　　　　　　　　　111007781

1N61

圖解保險學

作　　者 ― 宋明哲

發 行 人 ― 楊榮川

總 經 理 ― 楊士清

總 編 輯 ― 楊秀麗

主　　編 ― 侯家嵐

責任編輯 ― 侯家嵐

文字校對 ― 許宸瑞

出 版 者 ― 五南圖書出版股份有限公司

地　　址：106台北市大安區和平東路二段339號4樓

電　　話：(02)2705-5066　　傳　　真：(02)2706-6100

網　　址：https://www.wunan.com.tw

電子郵件：wunan@wunan.com.tw

劃撥帳號：01068953

戶　　名：五南圖書出版股份有限公司

法律顧問　林勝安律師事務所　林勝安律師

出版日期　2015年7月初版一刷
　　　　　2019年8月二版一刷
　　　　　2022年7月三版一刷

定　　價　新臺幣350元

經典永恆・名著常在

五十週年的獻禮——經典名著文庫

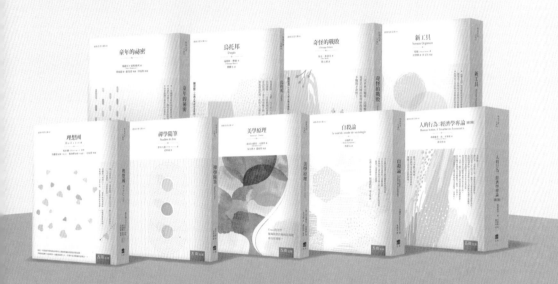

五南，五十年了，半個世紀，人生旅程的一大半，走過來了。
思索著，邁向百年的未來歷程，能為知識界、文化學術界作些什麼？
在速食文化的生態下，有什麼值得讓人雋永品味的？

歷代經典・當今名著，經過時間的洗禮，千錘百鍊，流傳至今，光芒耀人；
不僅使我們能領悟前人的智慧，同時也增深加廣我們思考的深度與視野。
我們決心投入巨資，有計畫的系統梳選，成立「經典名著文庫」，
希望收入古今中外思想性的、充滿睿智與獨見的經典、名著。
這是一項理想性的、永續性的巨大出版工程。
不在意讀者的眾寡，只考慮它的學術價值，力求完整展現先哲思想的軌跡；
為知識界開啟一片智慧之窗，營造一座百花綻放的世界文明公園，
任君遨遊、取菁吸蜜、嘉惠學子！